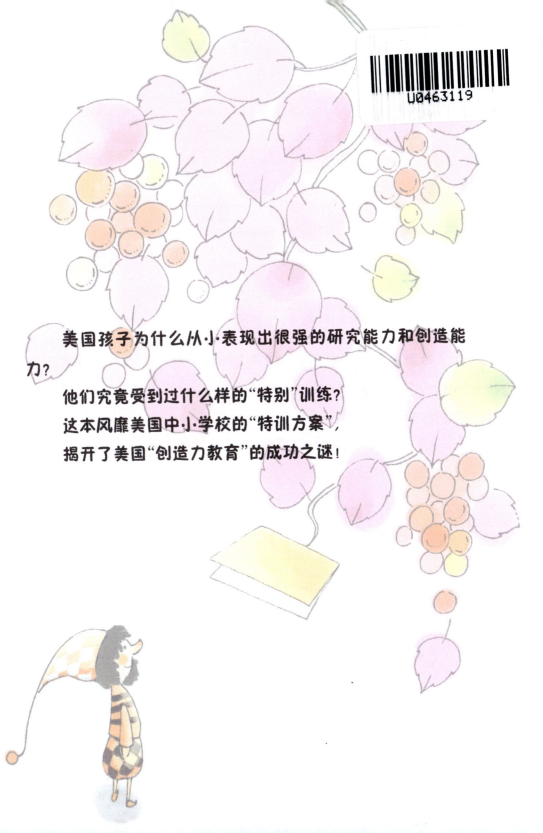

美国孩子为什么从小表现出很强的研究能力和创造能力?

他们究竟受到过什么样的"特别"训练?

这本风靡美国中小学校的"特训方案",

揭开了美国"创造力教育"的成功之谜!

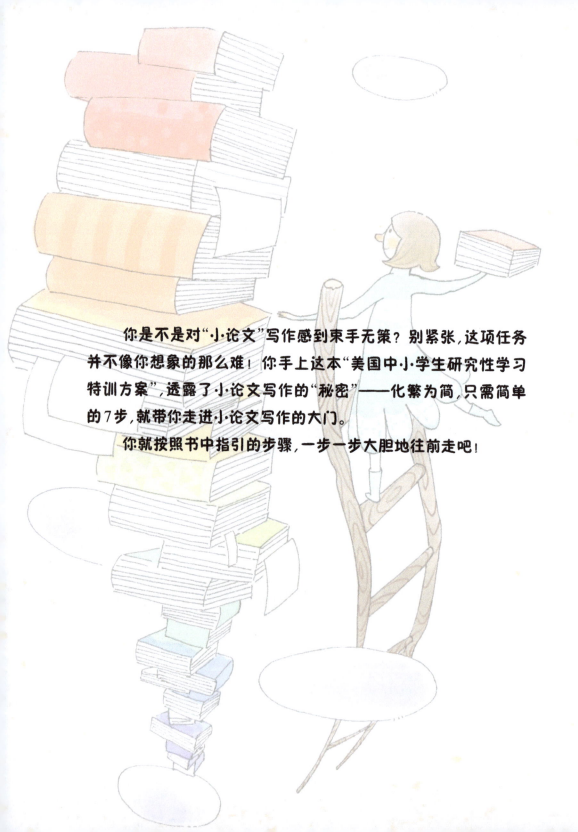

你是不是对"小论文"写作感到束手无策？别紧张，这项任务并不像你想象的那么难！你手上这本"美国中小学生研究性学习特训方案"，透露了小论文写作的"秘密"——化繁为简，只需简单的7步，就带你走进小论文写作的大门。

你就按照书中指引的步骤，一步一步大胆地往前走吧！

小论文写作

7 堂必修课

美国中小学生研究性学习特训方案

[美]贝弗莉·安·秦 著

周凯南 译

周荃 编校

北京大学出版社

PEKING UNIVERSITY PRESS

著作权合同登记　图字:01-2006-1429号

图书在版编目(CIP)数据

小论文写作7堂必修课:美国中小学生研究性学习特训方案/(美)秦著;周凯南译.—北京:北京大学出版社,2009.6
ISBN 978-7-301-14799-3

Ⅰ.小… Ⅱ.①秦…②周… Ⅲ.小论文—写作 Ⅳ.H052

中国版本图书馆CIP数据核字(2008)第198622号

HOW TO WRITE A GREAT RESEARCH PAPER by Bevery Ann Chin, ISBN:0-471-43154-0
Copyright © BOOK BUILDERS LLC.
All Rights Reserved. This translation published under license. Authorized translation from the English language edition, Published by John Wiley & Sons. No part of this book may be reproduced in any form without the written permission of the original copyrights holder.
Copies of this book sold without a Wiley sticker on the cover are unauthorized and illegal.

书　　　名:小论文写作7堂必修课——美国中小学生研究性学习特训方案
著作责任者:[美]贝弗莉·安·秦　著　周凯南　译　周　荃　编校
责 任 编 辑:郭　莉
标 准 书 号:ISBN 978-7-301-14799-3
出 版 发 行:北京大学出版社
地　　　址:北京市海淀区成府路205号　100871
网　　　址:http://www.pup.cn　　新浪微博:@北京大学出版社
微信公众号:通识书苑(微信号:sartspku)　科学元典(微信号:kexueyuandian)
电 子 邮 箱:编辑部jyzx@pup.cn　　总编室zpup@pup.cn
电　　　话:邮购部 010-62752015　发行部 010-62750672
　　　　　编辑部 010-62767346　出版部 010-62754962
印　刷　者:北京虎彩文化传播有限公司
经　销　者:新华书店
　　　　　730毫米×980毫米　16开本　9.5印张　90千字
　　　　　2009年6月第1版　2024年12月第9次印刷
定　　　价:52.00元

曹文轩序

曹文轩　北京大学教授，著名儿童文学作家，中国作家协会全国委员会委员，北京作家协会副主席。作品分别被译为英、法、德、日、韩等多种文字，在国内外具有重要影响。

北京大学出版社出版的这本书，是关于写文章和如何写文章的。

"能够写文章——能够写一手好文章，这是一个人的美德。"

这是我爱向中小学生们说的一句话。我对他们说，千万莫以为文章的事只是那些作家的事。你若想成为一个完人——完美的人、完善的人、完整的人，就当知道这完美、完善、完整，有一重要的考量指标，这便是：你能写文章，写一手好文章。你日后无论从工还是从政、从军、从商，都得有这个基本本领。文章既是一个人的面子，也是一个人的里子。一个政治家，若是离开秘书准备下的稿子就立即成为一个张口结舌的哑巴，这样的政治家就不该被指认为政治家，他充其量也就是一个政客而已，因为在我的印象里，凡伟大的政治家都同时是伟大的文章家，马克思、恩格斯、列宁，还有毛泽东，都是著书立说的人。而那些不会写文章的科学家，大概也是很难成为划时代的、具有纪念碑意义的伟大的科学家的。牛顿的书，既是科学的书，也是哲学的书，并且还是精妙的哲学书。爱因斯坦的书，在那些不懂物理学知识的人来看，越过符咒般的公式，就是优美的散文。他那段叙述遥望星河、相对论于苍茫天地诞生的文字，是很诗化的。中国老一辈的大科学家，也都是能写文章的，甚至是文章高手，他们中间还有一些写得一手很入流的旧体诗。

写文章的好处，大到人类社会的进步，小到自身素质的提高。试想，这世上直到现在若还无片页文章，又会是怎样景象？正是无数的文章，传承了历史,积淀了知识,使人类在风风雨雨中积累起来的经验得以保存、传播,并发扬光大,从而使人类从文明走向更高级的文明。有文章,才有了存放文章并供人阅读的图书馆,而图书馆就是——如博尔赫斯所说——我们真正的天堂。人类是由一代人又一代人组成的——一代人一代人,相继去世了,但因有文章在,他们的肉体虽已化为尘埃,但他们的精神、灵魂却活在了一望无际的文章海洋里。他们正是借文章的舟子,穿过历史的濛濛烟雾,依然与我们同行。写文章对于个人而言,则是修炼、升华自己的必修课程。通过写文章,理清思绪,反思行为,沉静烦乱的心,从而成为高尚的人、雅致的人。

文章怎么写?

文章可教吗?

有人说,文章不可教。

而这本书却在说:文章是可教的。

而我一直就认为,文章与世界上的任何一门科学、任何一门技艺一样,

都是可教的。那些后来写出头的文章家们，却有许多人在说文章是不可教的。对此，我总怀疑他们的动机：是说文章乃是天才之人才能写就吗？是说他们绝非等闲之辈吗？我的疑惑是：又正是他们这些人一直在向人们津津乐道地大谈特谈文章之道。既然你认为文章是不可教的，你又谈什么文章之道和文章技法呢？契诃夫谈得还少吗？鲁迅谈得还少吗？那些大文章家们又有谁没有谈过？其实，他们在写作过程中是一直在琢磨文章之道的，并且总结出了许多文章之道，教给了后来人。有些道，后来还成了法。

世界上没有什么神秘的东西是不可传授的，文章也不例外。

我们这么说，并不是在否定天分的作用。就像这世界上任何的工作一样，肯定有人天分不俗，会干得好一些，而有人则天分不足，会干得差一些。但这丝毫也不能成为文章不可教的理由。

这本书认定了文章是可教的。作者信心十足地告诉那些还不会写文章的孩子们，文章应当如何如何地写、什么样的文章才算是好文章。作者一步一步地指引着孩子们走进文章王国、文章秘境，很细心，很有方法，很具操作性。这样一本写作的入门之书，其实是很难得的。

这本书的意义还在于它向中国教写文章的老师们提供了一个可供借鉴的参照系：看国外的人又是如何看待文章写作的？这样一本书，就更值得学校的老师们以及成千上万希望自己的孩子能写得一手好文章的家长们注意了。

这本书又是单讲小论文写作的，而对于中小学生来讲，最难写就是小论文。因此，这本书就更值得关注了。

2009年5月20日于北京大学蓝旗营小区

目 录

 **写在前面的话**

什么是论文？我们为什么要写论文？

为培养大家的研究能力,老师经常要布置一些论文让同学们写。这个任务也许会让你感到紧张或者不知所措。不过,别着急,轻松点儿,因为你只不过是对不了解的事情感到害怕而已！下面,我们马上就来讨论什么是"论文"。当你了解了自己将要做的事情,可能就不会这么紧张了！

要想写出一篇好论文,当然首先要搞清楚什么是"论文"。论文可不像写一篇关于暑假的作文那么简单,因为在写关于暑假的作文时,你不必去做研究,可论文却需要你写出你在特定的题目上所做的研究。如果你的暑假作文写的是海豚、岩画、古文明,或者某项特殊运动项目的历史,那它可能就与一篇论文类似。因为,关于这些题目,你不是专家,但是,你可以通过阅读专家的文章来学到许多东西——你知道吗,这样一来,你就是在做研究了！做完研究之后,你通过写文章,将你学到的知识讲出来,与大家分享,这就成了一篇论文——看,写论文的道理,就这么简单！

如果你还是发愁不知道应该怎么写论文,请不要担心,本书能帮助你写出一篇优秀的论文。本书介绍了论文写作的整个过程,每一步都仔细讲解,细细分析,用有趣的例子,引导你一步步掌握论文写作的秘诀。我们承诺:只要按照书中教给你的方法去做,你一定会写出漂亮的论文！

也许有同学会问:写论文有什么意义啊？我从中学到了什么呢？我

的回答是,你获得了写论文的经验!这听起来可能有点傻吧?但其实不然。因为,你的一生不可能只写一篇论文,并且随着年龄的增长,你还会写得更多。所以,当你迈出第一步之后,下一次就会变得很容易了!

另外,你还会学到许多与论文题目有关的知识。在写论文之前,也许你只知道与论文题目有关的一点点知识,甚至一点都不知道,但写完论文后,你就会变成这方面的小专家了。更重要的是,你学会了如何去做研究,这将是一个让你受益终生的技能。良好教育的标志不是你懂得多少知识,而是你善于查找你所需要的知识。毫无疑问,懂得如何去做研究是一项非常重要的技能。

最后,你还会收获从承担一项任务到结束这项任务的全部经验,并对完成任务感到由衷的骄傲。在完成了论文之后,你就会明白自己得到的回报究竟有多大!

第1堂课

寻找论文题目

- 什么样的题目是好题目
- 如何找到适合你的论文题目
- 缩小题目的范围
- 安排写作进度

写论文的工作量可不小，但是，如果把写论文的过程分成一些小步骤，就可以让写作变得很容易！我们首先需要回答的问题是：我的论文题目是什么？

如果老师已经为你指定了一个题目,那么,你的这一首要任务就已经完成了。但是很多时候,老师会不给你指定题目,或者不完全给你指定题目。老师可能会交给你这样的任务:"根据你所选择的题目写一篇论文。"或者给你一个大概的范围,允许你确定一个适合自己的题目,如,"写一篇关于美国革命的论文"。千万不要认为老师是要求你将所有与美国革命有关的内容全写出来。老师只是希望你能够认真考虑这个涉及面广泛的综合题目,从中学到知识,并在论文中重点讨论这个范围中的某些内容。

　　虽然让你自己选择题目的时候,你需要做更多的工作,但从另一个角度来看,这却让你可以选择一个自己真正感兴趣的题目。这样,你就可以更好地享受学习和写作的快乐了!

什么样的题目是好题目

　　给论文选择一个题目，这里面的工作量可比听起来的要大得多——尤其是当老师给了你一个自由选择的范围时。不过，如果你能牢记下面这些简单的原则，就可以使这一工作变得轻松许多。

选择你感兴趣的题目

　　许多学生认为，选题目的最佳办法就是选一个听起来简单的。然而，这样做可能会事与愿违。为什么呢？因为你可能对这个题目毫无兴趣！想一想，你将与这个题目共度好几天，甚至好几个星期，如果你面对的是一个无聊、乏味的题目，要围绕它去思考、阅读、写作，那将会令你多么厌烦啊！

　　如果老师已经给你指定了题目，然而题目并不是你所感兴趣的，那怎么办呢？你可以考虑和老师商量一下，让他允许你选择同一领域内相似的题目。比如你不喜欢金鱼,老师却让你研究金鱼,这个时候,你可以考虑问问老师,你能不能改写你更喜欢的动物?你需要将可供选择的题目写下来,拿给老师看。然后告诉老师,如果他允许,你更希望用这个相近的题目作为论文题目。(这个时候,你一定要让他知道:其实你也很乐意完成他指定的题目,只不过你对自己选择的那个题目兴趣更大一点。)假如老师不同意你的建议,而他也有说服你的理由,那就尝试着学会理解吧!

许多同学意外地发现,虽然他们对老师指定的题目并没有特别的喜好,但当他们通过研究,对这个题目了解得越来越多时,他们就会爱上这个题目!

如果你需要自己选择题目，然而这个时候你又没有头绪、思维迟钝，那么不妨尝试着与那些可能帮助你的人讨论一下，看看能不能受到一些启发，找到令自己感兴趣的题目。你也可以想一想，为什么别人能被某个题目吸引，而自己却不能？当你找出原因时，也许你就明白什么东西是自己真正感兴趣的了。

题目不能太大也不能太小

有些题目很难把握，因为它们涉及的范围太大、太广了。譬如"美国革命"就是这样一个题目。一些经验丰富的学者曾经写过关于这一题目的书，但是，就连他们当中也没有一个人能够说清关于这个题目的所有问题。如果把注意力集中在一个范围较小的题目中，你就可以解答你最喜欢的问题了，比如"美国革命的原因"，或者"列克星敦城与康科德城之间的战争"。

再举一个题目范围太大的例子，比如，"植物"。对植物的研究——又称为植物学——是自然科学的一个完整分支，这可不是一篇小论文就能写完的。打算写这方面题目的人一般会缩小题目范围，如"食虫的植物"或者"北极的植物"。（在接下来的一章，你将会学到更多的如何缩小题目范围的方法。）

题目范围过小也会影响你写论文，这类题目受到的限制太多了。例如，你可能会找到许多与"仙人掌"有关的题目，甚至与一种特殊的仙人掌——"仙人掌树"有关的题目："仙人掌树高度的比

较"。这个题目,你可能写完一页纸就很难继续写下去了。因此,挑选一个范围过小的题目也不好,一定要注意这个问题。

　　当然,有许多看上去范围很小的题目其实并不是真的很小。在你查找过一些相关资料后,你可能会发现,这个所谓的"小"题目似乎变大了。

要能够找到足够的资料

假设你已经选好了一个感兴趣的题目,并且这个题目的范围看起来不会太小也不会太大。在确定就写这个题目之前,你应该问一下自己:"我能找到与这个题目有关的足够资料吗?"例如,上个星期你在阅读当地报纸时,对一篇有关火星新发现的文章产生了极大的兴趣。虽然这个题目会为一篇优秀的论文奠定基础,但

能获得的资料可能就只有你读到的这篇文章，或者是一些宇宙学家写的一些技术水平很高的报告。

另外一个容易犯的错误是你可能选择了一个除了你以外几乎没有人感兴趣的题目，很少会有专家写与之有关的文章。例如，如果选择写你的邻居的最新发明，你会发现，很少有这方面的文章。选择一个无法搜集到足够资料的题目会给你带来更大的工作量。

怎么才能知道能不能搜集到与题目有关的足够资料呢？现在，我们就开始来做这方面的初步调查吧。先从一部优秀的百科全书开始——你可以在图书馆或网上找到百科全书，如果你家里就有百科全书，那现在就把它拿出来，开始工作吧：查找你的题目，看看里面是否有许多相关文章。如果有，这是一个好的预兆，表明你能找到足够的资料。另外一个需要查找的重要目标是这些文章后面的书目，看看这些与你的题目有关的书目，想一想，你能不能通过它们，找到更多有用的资料？

接下来，我们要去查找学校图书馆或本地图书馆的目录。如果关于你的题目，你能找到三本以上的书，这就非常鼓舞人心了。赶快花点时间去看看你查找到的这些书吧！

当然，现在还不是完整地读一本书或者做读书笔记的时候，你只需要粗粗浏览这些书，通过浏览，你就可以确定它们是否与你的论文题目相符。一个比较好的方法是：浏览书的前面几页、中间几页和后面几页。通过略读这几页纸的内容，你应该能够判断这本书与你的水平是否符合——既不能太深奥，也不能太简单。

最后，你还可以在因特网上输入一个指令，选择一个搜索引擎。把你选择的论文题目作为搜索关键词，看看能搜索到什么。然后试着访问搜索到的网站，看看它们能否给你提供有用的资料。

如果你发现找到的这些书和网站都太难、太专业，或者你找不到与你的题目有关的充足资料，那么这个题目可能就并不是一个合适的论文题目。这时，你就应该重新寻找一个题目了。

如何找到适合你的论文题目

选择一个适合自己的论文题目非常重要。通过下列步骤去寻找题目,你会发现能够搜集到大量有趣的信息,并且这样得到的题目既不会太大也不会太小。

画一个联想网络图

联想网络图是一种直观地将你的想法组织起来的方法,可被看成是一个"构思图"。如果你想找到一个令自己感兴趣的题目,联想网络图是一种非常有效的工具,它会用一个想法带来其他想法的产生。

画一个联想网络图,你需要一张像课本一样大小的白纸。首先在纸的中间画一个较大的圆圈,然后在圆圈里面写上你最先想到的题目(当然这个题目也许并不是你实际想写的题目)。当其他有关的题目出现在你脑海时,把它们写在这个大圆圈周围的小圆圈里面,再用短线将大圆圈和其他小圆圈连接起来。

　　小圆圈中的想法会让你产生更多的想法,你可以把它们写到更小的圆圈里面。最后,你也许会将自己最终的想法写在纸的角落处一个小圆圈里,这个想法会让你成功找到论文题目。

联想网络图示例:

　　下面这个联想网络图,展示的是一名学生如何缩小"动物"这个宽泛的题目。

头脑风暴

也许你有过这样的经历：在从事一件事情之前，大家要进行自由讨论，以得到一个最佳方案。比如计划进行一次旅游，或者组织一场聚会，你和家人或者朋友往往就会进行头脑风暴式的自由讨论。在讨论的时候，一些成员可能会提出一些似乎愚蠢的或者不切实际的想法，但是没关系，一个想法会导致其他想法的产生，最终，你们会得到一个有用的想法。

头脑风暴式地思考一篇论文的题目也是同样的道理。你需要准备的是一支笔和一张纸，将出现在脑海里的第一个题目写下来，然后写第二个、第三个，这样一个接一个地写下去。一定要放松自己的大脑，让更多的想法涌现出来。不要担心有人看见你写的是什么，轻松地把你大脑里想到的每一种想法都列在纸上，即使有些想法非常可笑也没有关系。所有这些看似没用的想法，很有可能会引出一个有用的想法。

秘密武器

联想网络图和头脑风暴的区别

联想网络图能从一个题目导致其他有关题目的产生，而头脑风暴包括的是一些非常广泛的、多种多样的想法，彼此之间不一定存在联系。

想到哪儿就写到哪儿

如果你尝试过头脑风暴，但并没有产生活跃的思想，那么你还可以尝试另外一种类似的方法，叫做"想到哪儿就写到哪儿"。这种方法仅需要你将脑海中出现的想法写下来。不要停止！不论想到什么都要写下来！当一个想法导致另一个想法产生时，你联想到的是那些令你感兴趣的想法。最后，你会发现自己写了许多吸引人的想法。回顾一下你的"想到哪儿就写到哪儿"，并在你最感兴趣的想法下面画条线。再将更多的想法写下来，直到找到自己的题目。

"想到哪儿就写到哪儿"示例：

下面是一个学生采用"想到哪儿就写到哪儿"方法获得与动物交流有关的题目的过程。

帮帮忙！我实在想不出一个题目。我想到的东西好像都很蠢，但是，我还是要将它们写下来。好，开始吧。现在我想写……嗯……兔子！这是我想到的第一样东西。可能是因为我读过一本关于兔子的书，叫做《海底沉船》。这本书里的兔子会说话。兔子的交流——我觉得我查不到关于这个问题的足够信息。那么其他的动物呢？不行——动物的交流这个题目太大了。那就写关于狗之间的交流，怎么样？我对狗很感兴趣。我知道我的狗以很多种方式进行交流，我也希望多知道一点她想对我说的东西。我想我找到题目啦！

缩小题目的范围

前面我们已经谈到过要避免像"美国革命"这样的范围过大的题目。无论是老师给了你一个大致的题目范围，还是完全由你自己定一个题目，你都需要学习一些缩小题目范围的策略，这样你才能更好地进行小论文的写作。

提 问

我们可以对一个综合性的题目进行提问。例如：关于"植物"这一题目，你可以问：

- "植物是如何生长的？"
- "植物需要什么？"
- "植物在沙漠中是如何生存的？"
- "有哪些稀有植物？"

根据以上的问题可以得到这样一些题目，例如："沙漠中的植物"，"奇异的植物——它们是如何长成那样的"。

金字塔结构图

　　在纸上将自己的构思画出来,能有助于你清醒地思考。金字塔结构图就是一种十分有效的构思图,它能有效地帮助你缩小题目的范围。方法如下:取一张笔记本的空白纸,在第一行的中间写上综合性的题目。以上面的题目为例,在第一行中间写"植物",在第二行写两个比综合性的题目范围要小的题目,这两个题目之间留出一些空间。你可以写"沙漠植物"和"雨林植物"等等。

　　在第三行,将第二行两个题目下各自分类出来的两个更小的题目写出来。在"沙漠植物"下面,你可以写"仙人掌"和"沙漠中的树木";在"雨林植物"下面,你可以写"在树上生长的植物"和"森林地表植物"。你可以这样继续缩小题目,直到得到一个合适的题目为止。但要注意的是,如果把题目缩得太小,最后的范围就会过窄!如果出现这种情况,你可以向上寻找一个范围合适的题目。

靶型结构图

也许你更喜欢用另外一种图来展示自己的构思——靶型结构图。如果你想写的构思的要点超过两个,那么靶型结构图用起来会更方便。它能让你的思绪更自由地驰骋,你会逐渐找到最能吸引你的写作方向。

方法如下:在一张白纸中间画一个圆圈,围绕圆圈再画出几个更大的圆圈,这样,这张结构图看上去就像一个靶子。在中心的圆圈内,写下综合性的题目,然后,在外层圆圈中写下相关的范围较小的题目。可以看到,越往外圈走,题目的范围也越窄。这样不断

地列下去,你或许会加上更多的外围圆圈,直到得到一个范围合适的题目为止。

完成了靶型结构图后,你会发现自己的想法并不是从一个方向朝另外一个方向扩展,而是朝着各个方向扩展——这为你发现兴趣所在的区域提供了有用的线索。但是,你也可能已经超出了合理范围(沙漠树木),到达了范围更窄的题目(约书亚树、石炭酸灌木、猴面包树),这时你必须退回去,避免题目的范围过窄。

安排写作进度

祝贺你！如果你按照刚才介绍的那些方法去做了，那么，你就很有可能已经成功地为论文确定了一个好题目。接下来的事是做好下一阶段的准备，花点时间制订一个工作进度表，确保你能够按时完成论文——让你不至于在提交论文之前连续三个晚上通宵达旦地挑灯夜战。

本书后面的附录A是一个工作进度表的示例，你可以仿照它来做一个你自己的工作进度表。在表上要填写上最后的期限，就是论文应提交的时间，还有完成每一项任务所需要的大致时间：研究与做笔记，拟写提纲，起草初稿，修改和校订初稿，准备提交论文和演讲等等。为了使估计的时间尽量接近实际，你要仔细考虑各项工作中哪些是耗时最长的(如研究和写初稿)，哪些是耗时最短的(如准备提交论文)。

写作计划制订好了之后，要尽可能地按照计划实施。如果发现进度比你想象中要慢，要注意在工作中调整自己的计划。切记——最终提交论文的时间是确定不变的，它可不会等你哦！

我很乐意试一试：寻找论文题目

1.用金字塔结构图或靶型结构图来缩小题目范围，使其成为更易于写作的题目。请从下列题目中选择一个来进行缩小，你也可以自己另外选择题目来进行缩小。

- 动物
- 太空
- 史前时期
- 音乐
- 假期
- 运输

2.想一想，下列题目的范围是过大、过小还是合适？如果不确定，请通过查资料来了解有关题目。

- 汽车发展史
- 南极的植物与动物
- 欧洲的国王与王后
- 激动人心的事情
- 埃及的象形文字

第2堂课

查资料

- 从哪里开始着手
- 提出问题:5W+H
- 图书馆目录
- 期刊索引
- 其他资源
- 编制文献卡片

为找到合适的论文题目,你已经查过一些资料了。现在,再来查找你所需要的文献吧,要深入一点哦!

早些时候，你已经浏览过百科全书和因特网，做了一些初步的研究。虽然你并没有做笔记，但是这些研究已帮助你获得了重要的背景知识。在你正式开始研究时，这些背景知识会告诉你应该去哪里查资料，或查什么资料。

从哪里开始着手

要了解有关某个题目的资料的总体情况，你应该从百科全书和因特网着手。绝大多数的图书馆都能够为你提供百科全书和因特网服务，当然，如果你在家里就能获得这些资源，那就更方便了。

百科全书

还记得小时候吗？那时为了写好一份报告，你可真是够依赖百科全书的。现在，随着年龄的增长，你能够更多地使用其他资料了，但一本优秀的、综合性的百科全书能够提供许多题目的相关信息，所以，从这里开始你的研究，不失为一个很好的选择。综合性的百科全书虽然对大多数的题目都不会阐释得很深，但是，它们会对你所需要的资料给出一个概览。

选择百科全书

什么样的百科全书对你来说是"好"的百科全书呢？首先，它应该是按字母顺序分卷编排的多卷本。那种单卷本的百科全书对你来说是不够用的，你从中可能获取不到足够的资料。其次，它应该与你的水平相符，那些为研究人员编写的百科全书对你来说可能会太难或者太专业。当然，你也不会愿意使用那些为幼儿编写的百科全书,你应该寻找与青少年水平相适应的百科全书。

图书馆里的百科全书,你可以在工具书架上找到它们。但要记住,这些工具书有可能会无法借出,所以,在使用图书馆的这些书时,你要安排充足的阅读时间。一些图书馆的电脑中还安装了电子版的百科全书。

使用百科全书

在百科全书中查资料并不难,但你需要做的,可不仅仅是查一个词语那么简单。举个例子,如果你选择的题目是"狗的交流",你可以从查"狗"这个词语开始。在有关狗的文章里,你可能无法找到关于狗怎样交流的详细资料,但是,你有可能发现与训狗有关的文章。在与训狗有关的文章结尾处,你可能会发现许多这本百科全书中的相关文章的列表。这时候,你就需要判断哪篇文章是值得你去查找的,然后再去找到它。别忘了,你的题目里有两个重要的词语——"狗"和"交流"。但是,如果去查"交流"这个词语,你可能找不到与"狗的交流"有关的资料,但是如果查的是"动物的交流",这倒值得一试。

除了综合性的百科全书之外,你还可以找一找关于某个特定主题的百科全书。在图书馆,你有可能找到一本甚至一套《犬只百科全书》。如果你找到了这本或这套书,那你就不用在里面查"狗"了,你应该直接查题目中的第二个词——"交流"。《犬只百科全书》

里"交流"条目下的某篇文章,可能还会为你提供查资料的其他思路,比如"训练"、"吠叫"。

利用因特网

　　除百科全书外,你还可以利用因特网作为研究工具。实际上,利用网络来研究某一题目与利用百科全书来研究很相似,只不过不是在书里查找某个词语,而是在Google、Yahoo、Baidu等搜索引擎中输入你的关键词,它们将为你呈现与你的题目有关联的网站列表。

　　与利用百科全书一样,利用因特网查资料的过程并不是只有一条线索。例如,一开始你可以用"狗的交流"这一词组来进行搜索,如果无法找到足够的可用网站,你还可以尝试不同的关键词——"狗的行为"或者"犬吠"。你甚至可以试着键入一个问题,如"狗为什么吠叫?"、"狗为什么摇尾巴?"或者"狗是怎样交流的?"。

　　当搜索到你觉得还不错的网站列表时,你得决定先进入哪一个网站去阅读。你会注意到,在你用关键词搜索到的这些网站的列表上,每一个网站都有一个简短的介绍。这个介绍可以给你提供线索,让你判断该网站能否给予你有用的信息。例如,用关键词"狗的交流"搜索到的网站的列表上可能会有这样的介绍:

● 狗的交流:听狗说话。我有一次听狗说话的个人经历,这次经历使我避免了我一生中最大的错误。

● 狗与狗之间的交流:安德鲁·陶兹华斯博士的文章。狗身体的许

多部位都与交流有关。

● 狗为什么会吠：著名的动物行为学家伊丽莎白·赖安博士解释了狗吠叫时要表达的意思。

粗略地一看，你就会发现，第一个网站是某人对自身经历的不太科学的描述，它不如第二个网站和第三个网站所提供的专家资料有用。

你可能会看到许多网站都有着有趣的名字和介绍，但现在不要花太多的时间去读它们。记住，你目前的目标是拓展论文的内容，因此，你要选择那些能够使你逐渐实现目标的材料。不过，你也可以记录或收藏一些网址，或打印一些文章，以供今后使用。

秘密武器

了解你的资料来源

网上的资料并不都是可靠的。判断一个网站是否可靠的方法是查看网址。例如：网址最后几个字符是".edu"，就意味着这个网站与学院、大学或者其他学校有关（".edu"代表"教育"）。一般情况下，这样的网站能够提供一些很好的资料，当然，也并不总是如此。有些有用的资料也会来自".gov"、".com"等字符结尾的网址。如果你对一个网站的资料准确性有疑问，或者想找到更可靠的资料，可以求助于图书馆管理员、老师或父母。

提出问题：5W＋H

在你对题目有了一个总的了解之后，你就会知道什么是你还不知道的了——这是不是有点拗口？换句话说，你能够提出问题了——这是写论文的重要一步。在研究的过程中，一些特定的问题能够帮助你找到最有用的资料。它们还有助于你将注意力集中在论文应包含的材料以及如何组织这些材料上。

你知道什么是5W＋H吗？

5W指的是："什么(What)？""在哪里(Where)？""什么时候(When)？""为什么(Why)？"和"谁(Who)？"

H指的是："怎么样(How)？"

你可以用5W＋H来帮助你找到自己要研究的问题。

最简单的方法是编制一个6列的表格，在每列首行分别写上："什么？""在哪里？""什么时候？""为什么？""谁？"和"怎么样？"每列中至少填写上一个与你的题目有关的问题。假如表格出现了空白，也不必担心，因为你能填写多少列是取决于你的论文题目的。例如，关于"狗的交流"这个题目，在"在哪里？""什么时候？"和

"谁?"这三列里就不必填写问题。我们来看看在"什么?""为什么?"和"怎么样?"这几列里应该填写什么问题:

什么?(What?)	在哪里?(Where?)	什么时候?(When?)	为什么?(Why?)	谁?(Who?)	怎么样?(How?)
狗是以哪些不同的方式进行交流的?			狗为什么吠叫?狗为什么咆哮?狗为什么摇尾巴?狗为什么舔人的脸?		狗怎样利用声音进行交流?狗怎样利用"肢体语言"进行交流?狗怎样利用面部表情进行交流(微笑和皱眉)?

这些问题会让你知道你需要什么样的资料,从而指引你开展研究。这些问题还能让你对论文轮廓有一个大致的印象。比如,上面表格里的问题能够引导你完成一篇包含两个或三个主要部分的论文——狗怎样利用声音进行交流? 狗怎样利用"肢体语言"进行交流? 狗怎样利用面部表情进行交流? 这些问题也可能会引导你写出一篇专门解释狗的几种特殊行为的论文。

你的下一站是图书馆。你一定要带上前面这些问题,随时提醒自己要查找什么样的资料。同时,还要带上另外两样东西——笔以及一盒空白的索引卡。在本章后面,你会学到如何来使用它们。

图书馆目录

　　在研究过程中,有一个重要的部分是:找到你所需要的文献,并且做好笔记。这项工作最好从检索图书馆目录开始。如果这些目录在网上可以获取而你又需要利用它,你可以求助图书管理员。你还可以试一下你家里的电脑能否连上图书馆的目录系统。

　　可以用三种方法来查询图书馆的目录系统——主题、书名、作者。通过主题搜索,你会得到与论文主题有关的书名。进行主题搜索时,输入你要搜索的主题,你就可以得到图书馆中所有相关主题的书籍信息,包括书名、作者和索书号。索书号非常重要,因为图书都是按索书号的顺序依次放在书架上的。

　　如果你已经知道了所需要的书的作者或者书名,就可以利用作者搜索或书名搜索。输入作者名字,你会得到该作者所有图书的目录;输入书名,你会得到有关该书的所有信息。

　　当你想要得到关于某本图书的更多信息时,你可以选中书名并点击屏幕上的"更多信息"或类似的短语。随后,目录系统会向你显示出版社名称、出版地点、出版日期以及该书能否借到、索书号、位于图书馆的哪个位置——是在参考书区、在成人文学区，还是在儿童读物区。你还可以点击其他的帮助选项，比如"有关作者的更多信息"或"更多类似书名"等。

期刊索引

　　期刊是一种杂志。之所以称之为"期刊"，是因为它出版的时间具有"周期性"——比如每个星期或每个月出版。你能够在期刊里找到许多有用的资料。与在书里找到的资料相比，期刊里的资料可能会更新一些。例如，你正在读的某一本书很有可能是许多年前出版的或近几年出版的，然而，通过阅读期刊，你很有可能找到几个星期前刚刚写成的对你有帮助的文章。要想在期刊里找到与你的题目有关的文章，你可以利用期刊索引进行主题搜索。图书馆的管理员会告诉你在哪里能找到期刊索引，以及如何进行搜索。他还能帮助你找到你要的期刊和文章。

其他资源

　　除了图书和期刊之外，还有一些资料来源能够为你的研究提供最新的资料，比如：报纸上的文章、因特网上的文章，还有各种非纸质的资源。我们已经讨论过了如何进行网上搜索以及如何判断某个网站的可信度。你也可以利用因特网来查找报纸上的文章。许多报纸都拥有自己的网站，上面会提供历年来所刊载文章的目录。要想知道报纸的网站网址，可以输入报纸的名称来搜索。按网页上的指示一步一步找，你就能够找到报纸的历年文章目录以及存放历年文章的档案库了。

电视和收音机

　　你可以在电视和广播的节目表上找一找，看看是否有与你的论文题目相关的节目。如果这些节目中有与你的研究有关的内容，请记下节目的名字、频道，以及播放的日期和时间。

采 访

现在，仍假设你的论文题目是"狗的交流"，也许你刚好认识一个相关的专家，比如兽医或者驯犬师，那么，你就可以对他们进行采访，获取一些信息，并把这些信息添加到你的论文里。这样，你的论文一定会变得更加有趣，更加生动。

如果你打算进行一次采访，你先要与专家取得联系，向专家解释你正在写一篇论文，并说明论文的主题，同时有礼貌地问他是否愿意花一点时间——也许是半个小时——和你交谈。然后你应该问专家，什么地点、日期和时间对他(她)来说比较合适。采访时，一定要衣着整洁，准时到达约定地点，以表示你对专家特意抽出时间与你见面的感谢。带上笔和纸，以便做记录。如果你想用录音机录下采访的过程，应该先征求一下对方的意见(因为有些人是不愿意被录音的)。最重要的是，要提前准备好采访的问题。

如果你打算作一次采访,你应该把它安排在自己的研究之后。因为在做研究之前,你可能会不知道应该向专家提哪些问题。在你利用各种渠道查找了资料,仍然无法解答一些问题时,你就可以在采访时向专家请教这些问题了。你还可以请专家说一说他(她)对你所收集到的资料的看法。一定要提前想好做不做采访,并早点做好计划,这样的话,你和专家都能够更好地安排日程,留出采访的时间。

编制文献卡片

前面我们曾提到要带一盒空白的索引卡去图书馆。带索引卡的目的，是方便你将在图书馆找到的图书或者其他文献的信息记录在上面。在你今后想使用这些文献的时候，这些记录会帮助你方便地找到它们。

每一张索引卡对应的是一种文献，请你一定要认真做好记录，确保在每一张索引卡上都填好下面这些信息。

文献编号

你要为每一种文献都编一个号，并将这个编号写在卡片的左上角。以后做笔记时，利用这些编号，你可以方便地记下每一条资料的来源，这可比一次又一次写书名效率高多了。它也有助于你在论文末尾方便地列出相关文献，因为，你只需要将文献卡片的编号和书名对应起来就可以了。

索书号或文献位置

索书号是用来告诉你文献在什么位置的。如果你的文献是图书馆里的一本书籍，那么，请在卡片的右上角写上该书的索书号和具体位置。如果你找到的是另外一种类型的文献，那么，请将它所在的位置写在卡片的右上角。这样，下一次你就能很快地找到这些文献了。

文献的信息

在卡片的正中间，写清文献的作者和题目。如果是书，你需要写上它的出版地、出版社、出版日期或版权日期。如果是一本期刊里的文章，你需要记下期刊的名称、出版日期以及文章所在的页码。在下面给出的示范卡片上，请注意我们是怎样给这些信息加

标点符号的。当老师请你在论文末尾列出你所用到的文献时，你就可以运用这种标准的格式了。

做完文献卡片后，请将它们按照编号顺序放置，然后用橡皮筋捆扎起来，存放在一个文件袋里或者一个盒子里。在你去图书馆或者其他地方继续做研究时，你应该随身携带这些卡片。

文献卡片有助于你保存重要的研究信息。在做研究期间，你应该将查找到的每一种文献都填写在卡片上。这些卡片非常重要。如果完全按照下面的示范来填写，你会对你所需的一切文献了如指掌。

文献卡片示例：

　　下面是图书、期刊上的文章、报纸上的文章、因特网上的文章、访谈资料等五种文献卡片的示范：

文献卡片样卡 1：图书

文献编号

索书号

书的位置

作者姓名，后面要用句点

书名，后面要用句点

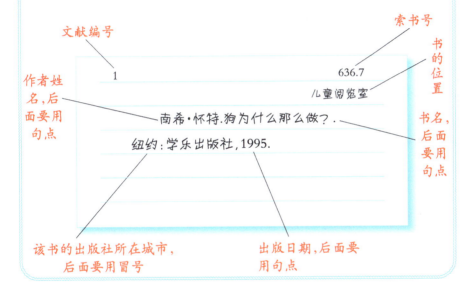

1　　　　　　　　　　　　　636.7

儿童阅览室

南希·怀特.狗为什么那么做？.

纽约:学乐出版社,1995.

该书的出版社所在城市，后面要用冒号

出版日期，后面要用句点

文献卡片样卡2：杂志上的文章

文献编号

文献所在位置

文章题目，后面要用句点

作者姓名，后面要用句点

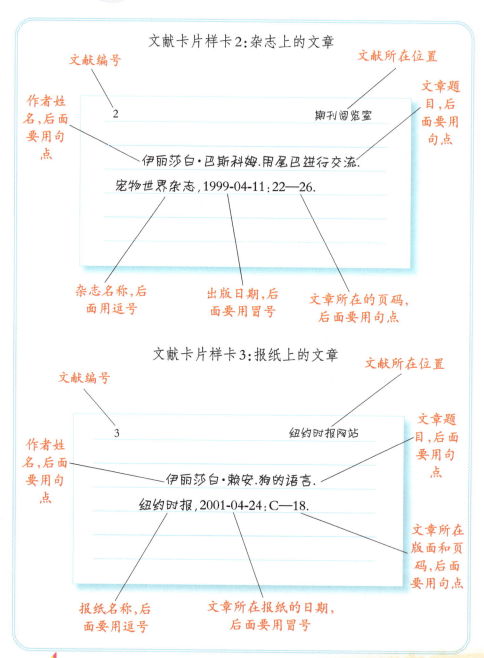

2

期刊阅览室

伊丽莎白·巴斯科姆.用尾巴进行交流.

宠物世界杂志，1999-04-11：22—26.

杂志名称，后面用逗号

出版日期，后面要用冒号

文章所在的页码，后面要用句点

文献卡片样卡3：报纸上的文章

文献所在位置

文献编号

文章题目，后面要用句点

作者姓名，后面要用句点

3

纽约时报网站

伊丽莎白·赖安.狗的语言.

纽约时报，2001-04-24：C—18.

报纸名称，后面要用逗号

文章所在报纸的日期，后面要用冒号

文章所在版面和页码，后面要用句点

文献卡片样卡4：因特网上的文章

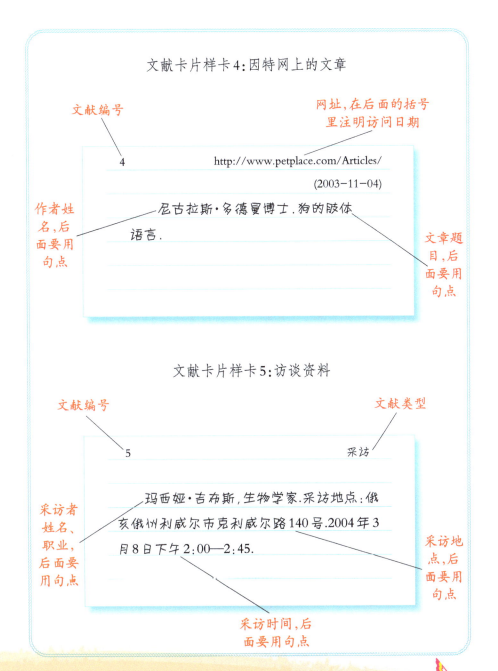

文献编号

网址，在后面的括号
里注明访问日期

4   http://www.petplace.com/Articles/

(2003—11—04)

作者姓
名，后
面要用
句点

尼古拉斯·多德曼博士．狗的肢体
语言．

文章题
目，后
面要用
句点

文献卡片样卡5：访谈资料

文献编号

文献类型

5   采访

采访者
姓名、
职业，
后面要
用句点

玛西娅·吉布斯，生物学家．采访地点：俄
亥俄州利威尔市克利威尔路140号．2004年3
月8日下午2：00—2：45．

采访地
点，后
面要用
句点

采访时间，后
面要用句点

我很乐意试一试：练习查资料

1. 根据下列要求填写文献卡片。

● 有一本书的书名是《如何照料狗》，作者是德斯蒙德·莫里斯，1987年由纽约市的皇冠出版社出版。这本书在图书馆的索书号是636.7，在成人图书区可以找到这本书。

● 有一篇题目是"和我的狗交谈"的文章，出自一本名为《狗的生活》的杂志。该文章于2000年6月8日发表在杂志的12—14页上。你可以在图书馆的期刊阅览室里找到这本杂志。

● 你打算在2009年8月10日对威尔玛·孟德尔博士进行采访。你们约定下午3:30在俄亥俄州的克利威尔市中央大道300号，也就是她的办公室采访她。

2. 利用电脑搜索引擎，如：Google、Yahoo、Baidu，找到两个能够提供有关以下任意一个题目的资料的网站。

● 国际联盟

● 巴氏杀菌法

第3堂课

做笔记

- 高效率地利用文献
- 做笔记的方法
- 什么样的笔记是好笔记
- 整理笔记

我们已经完成了基础的调查研究工作，下面，准备开始你"真正"的研究吧！

　　你已经确定了需要的文献,并将相关信息记在了文献卡片上。现在,你就可以按照预定步骤,顺利地向前推进自己的工作了。

　　首先,你应该在图书馆里找个位置坐下来。如果在家也能查找到文献,你也可以留在家里。别忘了带上你的文献卡片和需要研究的问题。接下来的事就是要做好笔记啦。

高效率地利用文献

你找到的大部分文章和一部分书籍,特别是来自图书馆儿童阅览室的读物,一般会比较短,你不需要花很多的时间,就能将它们从头到尾看一遍。但是,有的文章可能会比较长,有些书可能会太厚,导致你无法在短时间内看完,有时候,书中的内容还会超出你的题目范围。在这种情况下,你应该利用书中的目录和索引来查找与你的题目有关的资料,跳过那些与你的题目无关的信息,这样才能快速有效地找到需要的资料。

做笔记的方法

　　切记：不要——重复做笔记，不要——边看书，边在笔记本纸上做笔记。如果你犯了这些错误，后面在你开始拟写论文提纲或起草论文初稿时，你会发现这些杂乱无章的信息起不到实际的作用。一些犯了这些错误的学生，出于无奈，曾试图把笔记剪成纸条，在地上铺开，再把这些纸条重新粘到一个本子上，让找到的资料更合理地排列起来。另外一些犯了这些错误的学生，竟然在纸的两面都写满了笔记，如果不先拿去复印的话，都没办法用剪贴的方法来整理笔记。为了避免诸如此类的麻烦，请使用一种经实践证明效果很好的方法——将笔记做在空白的索引卡上。这种方法也是多年来学生们都在使用的一种方法。

在索引卡上做笔记

　　开始阅读文献时，你可以将你在论文中可能用到的资料都写在空白的索引卡上。首先需要记住的是：每张卡片上只能记录一个观点。即使一张卡上只写了几个字，你也不能在这张卡上去记

录新的观点。要记录新的观点，应换一张新卡。关于一个观点的所有内容，只能记录在同一张卡片上。你可以在卡片的正反面都写上东西，尽量不要让同一个观点占用第二张卡片。如果你确实有那么多内容要写，那么很可能它包含的并不止一个观点。

在完成一张笔记卡之后，你应该在这张卡片的左上角写上文献的编号，编号下面标明文献的具体页码。在卡片右上角，写上一个或两个词来描述这张笔记卡所涉及的主题。这些词要像标题一样能概括这张卡片的主要内容。请尽可能概括得清楚一点，因为在后面你还会用到它。

读完一种文献，记录完里面值得记录的所有信息之后，你应该在相应的文献卡片上画上一个勾（✓）。这样的记号可以提醒你：这份文献已经阅读完毕并摘录完重要信息了。这样，你以后才不会因为想不起来读没读过这份文献而发愁。

利用电脑做笔记

另外一种做笔记的方法是利用电脑做笔记。但在使用这种方法时，你必须能将所需要的文献都带回家，或者是带一台笔记本电脑到图书馆去。

如果你打算在电脑上做笔记，你可以把电脑里的记录设想成一张张电子索引卡。填写电子索引卡的方法和填写纸质索引卡一样，每条笔记之间别忘了要留出间距，这样，你今后在使用它们时才能一目了然，不会混淆。你还可以将每张电子索引卡单独设置成一页。

在考虑到底该用纸质索引卡还是电子索引卡时，要记住一点：高科技有时候并不意味着更好用。许多学生发现，纸质索引卡比电子索引卡更容易进行组织和使用，因为电子索引卡的移动需要反复地"剪切—粘贴"。当然，你自己最了解哪一种方法对你来说是最好的，所以选择哪一种方法，就看你自己了。

笔记卡示例：

来自一份文献中的两张笔记卡样卡

假设你开始阅读的第一份文献是——《狗为什么那么做?》,作者是南希·怀特。刚开始,你并没有找到与你的论文题目有关的资料,直到你看到第10页的这一段:

当狗在家里吠叫起来时,它通常是要告诉主人:"有人来了!"

你应该按下面的示例把它记下来:

1	吠叫
第10页	
狗在家里吠叫就意味着:"有人来了!"	

继续阅读,你又看到了第11页的这一段:

摇尾巴有不同的含义:"嗨! 我很高兴见到你!""嗨! 想玩吗?"

这也是很好的材料。你当然得把它记下来——但不能
用同一张卡片,你要使用一张新卡。

2	摇尾巴
第11页	
摇尾巴意味着狗很高兴见到你,或者想要跟你玩。	

什么样的笔记是好笔记

明白做笔记的方法和格式固然重要，更重要的是，你必须清楚应该在索引卡或电脑上记录什么。高质量的笔记是一篇优秀论文的坚实基础。

 ## 不要太多也不要太少

在做研究时，你可能会看到许多以前不知道的有趣信息。你也许会想：这太棒了！学无止境！但是，你现在的目标是寻找那些对论文来说有用处的资料。在研究过程中，你如果对你看到的所有细节都做笔记，那么最后，你就会得到大量的笔记，而其中大多

数你根本就用不到——这些笔记反而会给你后面的写作阶段造成麻烦。所以，你要告诉自己，只记录那些真正对论文有用处的资料。当你不能确定一份资料有没有用处时，你可以问问自己："它是否有助于解答前面我提出的某个研究问题？"

写得太多是一个容易犯的错误，写得太少是另一个容易犯的错误。想一想这样的场景：你已经在图书馆伏案工作了两三个小时，手也因为写笔记变得酸痛了。这时，你读到了相当复杂的一段文字，讲的是如何判断狗是不是在生气。于是，你告诉自己："我没必要把这些全部抄下来。我把它记在脑子里就行了。"但是，你是记不住的！——尤其是在你读完了全部文献、做完了所有笔记之后。如果你清楚地知道你所找到的资料是在后面的写作阶段用得上的，就一定要把它记在笔记卡上。如果你确实太累了，那不妨先休息一会儿，或者今天就到此为止，明天状态好的时候再继续。

秘密武器

速记

做笔记时，有一种节省时间的方法叫做"速记"。"速记"就是用特殊的字符来记录内容，从而省去逐字记录的麻烦。比如：用"∵"表示"因为"，用"∴"表示"所以"。你有兴趣的话，不妨试一试。

小论文写作7堂必修课

做笔记还是不做笔记

　　如果你所读到的一个观点或一条信息，在另外的文献中见过，你该怎么办？需要再次将它记录下来吗？你肯定不希望一叠笔记卡里每张上面写的都是同样的信息吧！另一方面，你又明白，多一份资料对于论证同一个观点确实有帮助。解决的办法是：将新的资料添加到原来的卡片上去。

　　如果你所读到的一个观点或一条信息，与你在另外的文献中看到的相互矛盾，你该怎么办？假如你在某份文献中读到"狗摇尾巴表示它们很高兴"，另一份文献又说"狗摇尾巴不一定就表示它们很高兴，甚至可能表示它们想打架"。你怎样才能判断哪一个观点是正确的呢？在这种情况下，你应该把两条资料都记录下来。

在写你的论文时,一种做法是直接指出不同的文献对于这个问题有着不同的观点;另一种做法是,在你有足够论据的情况下,提出你对某个观点的支持。

不要抄袭

你听说过"剽窃"一词吗? 它的意思是抄袭别人写的东西,把它当做是自己写的。从本质上说,这是一种偷窃行为,会受到非常严厉的处罚。

问题在于,许多学生根本没有意识到自己抄袭了别人的东西。这个问题从做笔记阶段就开始了。一个学生在做笔记时,有可能只是简单地将文献里的原文一字不漏地照抄下来,并没有在文字上面加上引号,表示它是别人的话。到了起草论文初稿的阶段,他可能就已经不记得这些语句是从文献里抄下来的了,所以这些语句就进入了初稿,又进入了最终的论文。尽管这个学生并不是故意这么做的,但他确实已经抄袭了别人的东西。

避免抄袭的办法是:用自己的话把观点表达出来,而不是完全把别人的语句抄下来。请你回头看看本章前面的"笔记卡示例",注意看,笔记卡里的语句与文献里的语句是不一样的。有些笔记还可以是不用完整的句子写成的。用不完整的句子做笔记,也是一种确保你不会抄袭的办法——同时还节省了时间、精力和空间。当然,在你起草论文初稿的时候,你自然会使用完整的句子。

引用还是不引用

在有些情况下,你是可以引用文献里的语句的——但一定要在这些语句上面加上引号,并在你的论文里指明这是谁的观点。这么一来,你就只是在赞同作者的观点,而不是抄袭。

如果你赞同某个作者,那么,从他的文献中引用资料是完全可以的,但不要太频繁地这么做。只有当该作者对某问题的论述非常精彩,能够让你的所有读者都从该作者的完整语句中受益时,你才应该引用他的论述。

下面这两个例子来自《狗为什么那么做?》一书,能够告诉你什么时候应该引用,什么时候不应该引用:

> 狗的大脑天生不是用来学习语言的,狗的嘴天生不是用来讲话的,所以狗永远无法学会说话。

在对这段话做笔记时,你可以对它的意思加以概括,因为这句话没有什么特别之处,你没有必要引用它。你可以这样做笔记:

> 狗不能说话——它的大脑和嘴不适合说话。

然而,对于下面这段话,你可能就希望能够引用它了,因为作者用了一种让人印象深刻的方式来表达自己的观点:

> 狗与狗之间可以是很好的朋友。至于交谈,还是算了吧!

　　如果你想要引用这段话,你就要逐字地把它抄在你的笔记卡上,然后用引号引起来。你必须确保你是原封不动地把它抄下来的,包括所有标点符号。那么,在写作时,你的论文就可以用下面的语句来结束这个段落:

　　就像南希·怀特在《狗为什么那么做?》一书中所说的那样:"狗与狗之间可以是很好的朋友。至于交谈,还是算了吧!"

　　假如你的论文中引用语过多,那么,再好的引用语也起不到好的作用。假如你的论文是由一个接一个的引用语组成的,你的读者就会感到好奇:哪里才是你自己写的部分呢?

整理笔记

当你已经阅读完了所有的文献,做完了所有的笔记,接下来该做什么呢? 你有一大叠卡片,上面记录了大量没有明确顺序的材料。(如果你是在电脑上做的笔记,你就记录了一屏又一屏的笔记。)现在,你需要整理这些笔记,让它们成为帮助你拟定论文大纲和起草论文初稿的有力工具。下面是有关整理笔记的一些建议。

整理笔记卡

用索引卡做笔记的好处是,你可以随意移动它们的位置,把它们按你想要的顺序排列起来。你不必像整理电脑上的笔记那样,进行麻烦的"剪切—粘贴"。你应该将所有的笔记卡都摆在你能看见的地方,但要注意一个问题:当心卡片掉到地上去。你在选择放置卡片的地方时,要充分考虑到这一点。

首先,你应该将标题相同的卡片放到一起,因为这些卡片都是有关同一主题的。(你不必担心这样会让来自同一文献的卡片分开,因为每张卡片上都标有文献的编号。)

接下来的工作,就是整理一叠叠卡片,让它们的内部顺序更加合理。专家概括出了六种基本顺序,你可以借助其中的一种顺序——或几种顺序的组合——来安排你的卡片。

● 年代或时间顺序

即事件发生的先后顺序。这种顺序对于研究历史事件或者人物生平的论文来说最好用。

● 空间顺序

即地点或位置的顺序。这种顺序对于地理方面的论文,或者关于如何设计某个东西(比如一个花园)的论文来说最好用。

● 因果关系

即某事件或者某行为如何导致另一事件或行为的产生。这种顺序对于解释科学进程或历史事件的论文来说最好用。

● 提出问题/解决问题

即某问题和它的一种或几种解决方法。你可以用这种顺序来组织有关环境问题的论文,如关于全球温室效应的论文。

● 比较和对比

即人、事物、事件、思想的相同之处和不同之处。

● 重要性顺序

即从最重要的方面开始,到最不重要的方面结束。或者反过来。

　　设想你的卡片里有以下一些标题："吠叫"、"摇尾巴"、"舔脸"、"翻滚"、"咆哮"、"龇牙"，你该怎样安排它们？这里有一个可行的方法：

　　我的卡片是按照不同行为来分类的。我知道每种行为传达的意思也有不同。所以，我选择"比较和对比"顺序来整理卡片。我要先从狗发出的声音开始比较，然后是面部表情，最后是肢体语言。我将从狗身体的一端开始，到另一端——从耳朵到尾巴——最后以狗的"整体"肢体语言结束。因此，我是结合了两种顺序——比较和对比，以及空间顺序。

　　在决定了基本顺序后，就相应地去整理你的卡片吧。最终，你会将卡片分为三叠——一叠是关于声音的，一叠是关于面部表情的，一叠是关于肢体语言的。仔细浏览每一叠卡片，让一张张卡片的排列顺序更加合理。不要忘了你可以随意移动卡片。你可以尝试用不同的方法给这些卡片排序，直到一个观点能与下一个观点合理地衔接，令你感到满意为止。用一个夹子或者橡皮筋将每叠卡片扎在一起，然后按照你的顺序把这三扎卡片放到一起，再用一个大的橡皮筋把它们扎起来。

整理电脑里的笔记

　　如果你是在电脑上做的笔记，你也可以用整理纸质笔记卡的方法来整理它们，不同的是，你在电脑上使用的是"剪切—粘贴"命令来完成笔记的移动。在电脑上做笔记的好处是，笔记的内容都已经录入电脑了，在你拟写论文的提纲时，这些已经录入过的文字就不必再抄写一遍了。在电脑上做笔记的坏处是，移动电脑里的笔记比移动卡片上的笔记要麻烦一些，因为你不可能将它们全部摆出来，一次看完，当你面对电脑屏幕上那个长长的文件时，你可能会感到一片混乱。

我很乐意试一试：练习做笔记

1. 假设你正在写一篇关于欧洲中世纪骑士的论文。下面的文字来自一本书，你已经将这本书编号为"4"。请根据这些段落做三张笔记卡。

当一名贵族成为了一名职业士兵，他就被称为骑士。骑士需要遵守一些特殊的行为规则，这些规则被称作"骑士精神"。它要求骑士应该勇敢，能够公正地对待和尊敬他的敌人，要诚实和忠诚，要有礼貌地对待女人。

为了在战斗中获得保护，骑士穿戴的是很重的金属头盔和盔甲，还拿着盾牌。骑士还会带剑和其他武器，比如长矛或长棍。

2. 针对下列主题，判断采用哪种方法来整理你的笔记最为有效：时间顺序、重要性顺序、空间顺序、因果关系、提出问题/解决问题、比较和对比。你可以为一个主题选择多种顺序。

● 是什么导致了美洲殖民地宣布从英国独立

● 我们太阳系的行星

● 小儿麻痹症在20世纪50年代流行，它是怎样被控制住的

第4堂课

拟写论文提纲

- 什么是提纲
- 从笔记到提纲
- 拟写提纲的规则
- 设计论文的开头和结尾

你的论文已经有些
眉目了。下一步,是将那
一叠叠的笔记卡变成论
文提纲!

一个好的论文提纲，能帮助你写出一篇逻辑性强、结构严谨的论文。有了论文提纲，你会觉得写论文简直不费吹灰之力！

什么是提纲

 提纲就相当于一个列表,里面列出的是你在论文主体部分要讨论的所有观点。当然,提纲可不仅仅是列表那么简单。这个列表必须采用特定的方式来编排,用一些支持性的细节(事实或例子)来突出重要的、主要的观点。

 在常见的提纲形式中,最主要的观点(即一级标题),要用汉字的数字来进行编号;次重要的观点(即二级标题),内缩两格,用带句点的阿拉伯数字来编号;支持性的观点(即细节内容),再内缩两格,用带括号的阿拉伯数字来编号。请看下面的例子:

一、一级标题

　　1.二级标题

　　　（1）细节

　　　（2）细节

　　2.二级标题

　　　（1）细节

　　　（2）细节

（3）细节

3.二级标题

（1）细节

（2）细节

二、一级标题

1.二级标题

（1）细节

（2）细节

有的提纲还包括更多层的细节,那就得再内缩两格,并用带圈的阿拉伯数字来编号。在提纲中,你也许用不到那么小的细节,万一会用到的话,请看下面的例子:

（2）细节

① 更小的细节

② 更小的细节

③ 更小的细节

从笔记到提纲

前面讲过的整理笔记卡的方法，也许能够提示你该如何拟写论文提纲。还记得你是怎样根据标题对笔记卡进行分类的吗？在前面的例子里，我们根据卡片的标题，把笔记卡分入了各种不同类型的狗的行为下——吠叫、舔脸、咆哮，等等。然后这些卡片又被分成了三大叠——声音、面部表情和肢体语言。那么现在，这三大叠卡片将成为提纲的一级标题——用汉字的数字来标注。那些卡片上的标题，将成为提纲的二级标题，用带句点的阿拉伯数字来标注。笔记卡里的信息，将成为细节，用带括号的阿拉伯数字来标注。

你电脑里的文字处理软件可能本身就带有提纲格式。如果你想使用它，你可以先点击软件的"帮助"菜单，在"帮助"窗口里输入"提纲"，然后按屏幕上的指令提示来进行操作。

提纲示例：

下面是借助整理好的与"狗的交流"有关的笔记卡写成的论文提纲的开头部分。

一、狗是怎样用声音交流的

　　1. 吠叫

　　　　(1) 在陌生人靠近时开始吠叫

　　　　(2) 辨认出陌生人时停止吠叫

　　2. 怒吼和咆哮

　　　　(1) 说明狗生气了

　　　　(2) 可能会有危险

　　3. 哀鸣和呜咽

　　　　(1) 狗不高兴

　　　　(2) 狗生病了

　　4. 嚎叫

　　　　(1) 常常由火灾警报或者乐器的声音引起

　　　　(2) 和狼相互嚎叫一样

二、狗是怎样用面部表情交流的

拟写提纲的规则

标准的提纲要遵循一些规则。按下面这些规则来组织你的提纲,有助于你写出一篇好论文:

1. 用汉字的数字标出一级标题。

2. 用带句点的阿拉伯数字标出二级标题。

3. 用带括号的阿拉伯数字标出细节。

4. 至少包括两个一级标题。(我们的例子里是三个一级标题。)

5. 每个层次里至少包括两个条目。也就是说,至少要有两个一级标题,在两个一级标题下分别至少有两个二级标题,在两个二级标题下分别至少有两个细节。

为什么要有这些规则呢? 那是因为在你起草论文时,一级标题会成为段落,二级标题会成为句子。一篇论文所需要的段落至少要两个,一个段落所需要的句子一般也不会是一个。而且,你需要至少两个细节来支撑一个观点。

秘密武器

使用不完整的句子

也许有老师告诉过你,不要使用不完整的句子,但在拟写提纲时,不要使用完整的句子。这样不仅写起来更快一些,而且可以避免在起草论文时,把你匆匆写成的句子用到论文里。

设计论文的开头和结尾

现在，你已经完成了论文的提纲，接下来，就该设计论文的开头和结尾了。你不必把最终的句子写出来，但是，你应先构思好开头和结尾。这样，在正式动笔写作时，就会容易得多。明确了你的论文该如何开头和结尾，就好比有了一个"框架"，让你在写作论文中间部分时更加得心应手。

如果没有一个框架，我就没办法有条理地写作。

论文的主题句

每篇论文都应该用一个或几个重要的句子作为开头,告诉读者论文的中心思想——也就是整篇论文最重要的思想。这一部分内容可以用一个专业术语来表达——"主题句"。

早在选定论文题目时,你的脑海中可能就已经有了一个大致的中心思想。现在,通过仔细阅读提纲,你应该能用一个或两个句子将这个中心思想表达出来。看看你的一级标题——标着汉字数字的标题。(在我们前面的例子中,这样的一级标题是"狗是怎样用声音交流的"和"狗是怎样用面部表情交流的"。)问问你自己与这些一级标题有关的如下问题:

- 这些内容加起来是什么意思?
- 这些主要的内容之间有什么关联?
- 可以用什么来概括这些内容?

通过提出这些问题和回答这些问题,你就能得到你的主题句。在我们的例子中,主题句可以是这样的:"狗用声音、面部表情和肢体语言与它们的同类以及人类进行交流。"有了主题句之后,在起草论文初稿时,你应该尽量用最有趣、最吸引人的方式将主题句表达出来。

论文的结尾

一位老师告诉她的学生,可以用下面三个简单的步骤来写论文:

第一步:告诉读者你打算讲什么;

第二步:讲出来;

第三步:告诉他们你已经讲了什么。

你已经想好了论文的主题句,所以你已经计划好了如何告诉读者你打算讲什么。你也知道你将要讲的内容,这是论文的主要

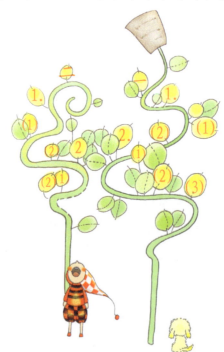

部分,你已经为它列好了提纲。在结尾部分,你要告诉读者,你前面讲了些什么——也许还要再多一点点。

　　你可以在论文的结尾部分总结或者回顾你的主要观点。如果你希望论文更完美一些,那就试着帮助读者回答这个问题:"那又如何?"也就是说,利用你所给的信息,他们可以做些什么,或者告诉他们,为什么你的观点特别有趣或者特别重要。你还可以用一个问题来结束论文,让读者在读完论文后产生一些思考。

　　在关于狗的交流这篇论文的结尾处,你可以这样写:

　　"狗能够通过声音、面部表情和肢体语言,传达许许多多的情绪——从害怕到友好。"

　　这样就很好地总结了你的论文。为了回答"那又如何?"这个问题,你还可以加上一句:"了解狗的交流是很有用的。"接下来,你还需要几个例子去证明了解狗的交流很有用。如果你想给读者留下一个问题,你可以这样写:"下次再遇到狗时,请你仔细地观察和聆听,想一想:它想说什么呢?"

　　想好主题句和结尾,论文就有了一个总体的规划,起草论文初稿就变得易如反掌了!

我很乐意试一试：练习拟写提纲

1. 假设你正在写一篇关于北欧海盗的论文。你已经在索引卡上做好了笔记，并把它们分成了三大叠——北欧海盗的生活方式、北欧海盗船、北欧海盗的发现。在与北欧海盗船有关的一叠卡片里，一些卡片的标题是"船是如何制造的"，一些卡片的标题是"船的外观是什么样的"。

下面是这一叠中的五张卡片：

1　　　　　　　　　　　　　船是如何制造的
第10页

　　用木头制造

3　　　　　　　　　　　　　船是如何制造的
第36页

　　厚木板相互重叠，就像木屋的墙面一样

4　　　　　　　　　　　　　船的外观是什么样的
第18页

　　大约78英尺长，16英尺多宽

4　　　　　　　　　船的外观是什么样的

第70页

40英尺高的桅杆上挂着正方形的船帆

5　　　　　　　　　船的外观是什么样的

第18页

船头刻着巨蟒来威慑敌人

请按照下面提纲的形式,把以上卡片中提供的信息填写到空白处:

二、

　　1.(1)
　　　(2)
　　2.(1)
　　　(2)

2.下面这些笔记来自于对美国独立战争的研究,它们的顺序已被打乱。下面,请你把它们按照在一个论文提纲中可能出现的顺序整理好,并按一级标题、二级标题和细节的顺序排列起来。

● 英国议会1765年通过的印花税法案,强迫殖民地人民为许多产品纳税;殖民地人民对被征税却在议会里没有发言权表示愤慨。

● 1776年7月,大陆会议正式通过了独立宣言,宣告美国是一个自由的国家。

● 1763年的食糖法,把蔗糖和糖浆纳入征税范围。

● 18世纪60年代早期,议会通过了一系列强加给殖民地人民的不得人心的新的征税法律,英国与殖民地人民的关系逐渐恶化。

● 殖民地与英国之间的战争在1775年爆发。

● 食糖法规定在殖民地售出的每加仑糖浆要征收3便士的税。糖浆是当地人大量使用的产品。

● 1773年通过的茶叶法对茶叶征税,殖民地人民的愤怒情绪导致了著名的波士顿倾茶事件的发生—— 殖民地人民伪装成土著居民,将整船茶叶倒入波士顿海港中。

● 殖民地人民对食糖法的愤怒情绪,导致对每加仑糖浆的征税由3分减少到1分,但他们的愤怒情绪并没有因此而消除。

● 1775年,殖民地民兵与英国军队士兵的战斗在马萨诸塞州的列克星敦城和康科德城打响,双方均有人受伤。

● 强加给殖民地人民的一系列征税使许多殖民地居民确信,他们不能再在英国政府的统治下生存了。

● 1776年,美国独立战争中的第一场主要战役在波士顿的邦克山爆发,导致了大量的伤亡。

第5堂课

起草论文初稿

- 遵循一定的格式
- 开始写作
- 注明出处
- 确定论文标题

终于到了起草论文
这一步了。这就意味着：
你要把你准备说的话写
到纸上啦！

　　在开始写作前,你要先确定论文的格式,即你的论文看上去是什么样子的。在写作时,你应该注意,要做到言之成理,而且要能引起读者的兴趣。在完成初稿后,你要确保自己在文中准确无误地用上了所有可用的资料。最后,你应该做的事情是,确定标题——这可是你的读者最先看到的东西!

遵循一定的格式

许多老师在布置论文时,常常会确切地告诉学生论文应遵循什么样的格式——例如:页边空距是多少,文献列表应该放在什么地方,等等。如果你的老师已经指定了一个格式,那么,你就按照老师给定的标准去做吧!如果老师没有指定格式,那你就要自己来确定论文的格式。下面是你需要考虑的一些主要问题:

你的论文是打算用手写还是用电脑输入?

如果打算用手写,你是一行一行写,还是隔行写?

● 如果打算用手写,你是在纸的两面都写,还是只写一面?

● 如果打算用电脑输入,采用单倍行距还是双倍行距?

● 如果打算用电脑输入,采用什么样的字体和字号?

● 页边空距是多少? 标准的页边空距是1英寸(约2.54厘米)或1.25英寸(约3.17厘米)。

● 你的论文有多长——多少页纸或者多少字?

● 你的文章需要图表吗？图表是必须的还是可选的？

● 你打算将论文的抬头放在什么位置？其中除了你的名字、班级和日期等信息外，还需要包括别的信息吗？

● 文章标题需单独占一页吗？

● 你的参考文献（所用到的文献的清单）是在论文末尾单独占一页纸吗？——这是标准的做法。

● 你的参考文献是否按作者姓氏的字母顺序来排列？——这是标准的做法。

● 论文页码标在哪里？

如果你是用电脑来写，可以先设置好页边空距、字号、字体和行距。

开始写作

前面我们曾经说过:有了一个好的提纲,写论文简直不费吹灰之力! 现在,如果你按提纲来写,你会发现这句话是千真万确的。一篇论文,包括三个主要部分——导言(里面给出你的主题句)、正文和结尾。你在为论文拟写提纲时,先准备好的是正文部分,然后,也已经设计好了主题句和结尾。现在,该起草论文初稿了,就让我们从开头——导言开始吧。

起草导言

在论文的开始写一段导言,可以实现两个目的。第一,吸引读者的注意;第二,给出论文的主题句——整篇论文的中心思想。在拟写提纲时,你已经草拟了一个粗略的主题句。现在,你要把这个主题句融入一个段落里去,以便读者知道你在下面要讲的内容。如何来写这段导言,这取决于你论文的题目。下面的一些建议,可能会对你有帮助。

我真是拟了一个非常好的提纲！

● **把你的题目和读者的自身经历联系起来。** 例如：

你知道有什么人集强壮、勇敢、忠诚、诚实、公正于一身，并且一贯彬彬有礼吗？让我带你去认识中世纪的骑士吧！

● **以吸引人或惊人的事实来开头。** 例如：

如果你认为哥伦布是穿过大西洋的第一个欧洲探险者，那你就错了。早在哥伦布发现新大陆的航行之前，来自北方的大胆的开拓者们就已经在这片海域上航行了。

● **让读者知道他们将要了解的是一些有用的知识。** 例如：

如果你对太空探险的职业感兴趣，那么你现在就该做准备了。

采用以上任何一种方法，都有助于你给论文写出一个好的开头，从而牢牢地吸引住你的读者！

导言示例：

下面是关于狗的交流这篇论文的导言。值得注意的是，主题句并不一定就要放在段落的开始。在这段导言中，主题句是段落的最后一句话。另一个值得注意的地方是，作者通过把题目与读者自身经历联系起来，吸引了读者的注意。

你的狗一定听得懂你说的许多话，那么，你是否曾希望你的狗也能对你说话？当然了，你和你的狗永远不可能用人类的语言进行交流。但是，专门研究动物行为的科学家告诉我们：狗确实能用声音、面部表情和肢体语言来与它的同类或人类进行交流。

起草论文的正文

论文的主要部分叫做"正文"。在写这部分最为重要的内容时，一定要注意"切题"，即围绕论文的题目来写。要以合乎逻辑的顺序来组织论文中的观点，并且要用充分的细节——事实与例子——来支持这些观点。

要有相关性

在主题句中，你已经陈述过论文的中心思想了。接下来，正文中的每个段落，都必须与这个中心思想有关。如果论文中的某个段落与主题句中展示的中心思想没有关系，那它就不具有相关性，这意味着这个段落没有为论文服务，不应该出现在论文中。

每一个段落也有它的中心思想。这个中心思想体现在段落的主题句中。段落主题句一般出现在段落的开头,也可以出现在其他地方。如同论文的每一段都应支持论文的中心思想一样,段落的每一个句子也要通过事实和例子来支持这一段的中心思想。如果某一个句子不能支持它所在段落的中心思想,这个句子就是不具有相关性的,应该删掉。

充分的事实支持

一篇论文在表达观点或主张时,如果没有事实的证明,或者没有例子的佐证,对于读者来说就是没有多大意义的。一定要为论文的所有观点都提供足够的支持性的细节。而且,要记住,一个段落不能只有一句话,而是至少要包含两个或者两个以上的句子。如果一个段落只有一两句话,那么你为段落中心思想所提供的支

持可能就是不足的。当你很难找到一个段落的中心思想，那么这个段落有可能根本就没有中心思想。如果是这种情况，你可以把这些句子放到另一段里，或者干脆删掉它们。

合理安排逻辑顺序

你应该用合理的顺序来安排论文正文中的段落，让相邻两段的内容之间有着逻辑上的联系。同样，在每一段中，也要以合乎逻辑的顺序来安排每一个句子。

如果你是认真整理笔记和拟写提纲的，在起草初稿时，你的各个段落的内容会自然而然地按合理的顺序排列起来。各个段落的内容就是你的提纲中用汉字数字标注的一级标题，而支持这些内容的细节则来自它下面的二级标题。在一篇较短的论文中，二级标题可以形成一些句子，里面包含一些更小的支持性细节，这些支持性细节来自提纲中的三级标题；在一篇较长的论文中，二级标题也可以自成一段，这一段又由一些作为支持性细节的句子构成，这些支持性细节来自提纲中的三级标题。

过渡很重要

除了要使论文保持合乎逻辑的顺序外，过渡也是非常重要的。过渡能够引导读者从论文的一个内容转向另一个内容。过渡一般通过"因此"、"然而"、"另外"、"另一方面"等词语来体现。它们有助于读者理解各个段落之间的联系。没有过渡，文章就很难衔接起来，容易给人不连贯的印象。比如下面这一段话就缺少一个过渡：

一只狗摇尾巴时,可能表示它很高兴,可能表示将有攻击行为。

下面是同样的一段话,但多了过渡:

一只狗摇尾巴时,既可能表示它很高兴,又可能表示将有攻击行动。

起草论文的结尾

一篇好的文章需要一个有力的结尾。要写出一个好的结尾,你需要总结论文的主要观点。要写出一个更好的结尾,你应多写一两个句子,来帮助读者回答这样一些问题:"那又如何?"或者:"这一切有什么重要性呢?"你可以选择写一个或几个句子来回答"那又如何?",但记住,在这里,你同样需要用事实和例子来支持你的观点。

还要记住,在这里,你不可突然去介绍新的观点。你要确保结尾中写的每一点都指向论文正文部分的内容。

秘密武器

这不过是一份草稿

即使是一位经验丰富的作者,面对一张空白的纸,有时也会感到有点紧张。如果你也因此感到有一点点恐惧,你应该这样对自己说:"这不过是一份草稿嘛!"你所写的除了你自己之外,暂时没有任何人会看到。现在,你只需要把思想集中在论文上就好了! 你今后不是还可以对它进行修改和润色吗?

注明出处

前面我们曾谈到，在论文中使用他人的观点，需要指出这些观点的来源。在论文中，对于他人的观点指明来源，就叫做"注明出处"。

 ## 什么时候需要注明出处

合理地引述他人观点并注明出处，可以显示出你在论文题目上拥有丰富的知识。那么，该在什么时候注明出处呢？毕竟，你也不希望对那些人人都知道的信息去注明出处。比如，你在论文中提到华盛顿是美国的首都，这时就不必注明出处。要知道是否需要注明出处，先问问你自己这样的问题："如果我不为这个事实或观点注明出处，读者会不会误以为是我自己提出这个事实或观点的？"如果你对这个问题没有确定的答案，那就遵循这个基本规则：拿不准，就注明。

怎样注明出处

一些中学老师和大学教授要求学生在注明出处时把文献信息放在"脚注"或"尾注"中。脚注是位于每页底端的注释,尾注是位于论文末尾的注释。在做这些注释的时候,你要用数字为文中需要注明出处的事实或观点标上序号。然后,在脚注或尾注中,对应每一个序号,用专门的格式,列出该事实或观点的来源文献。所有这些注释都应该按照从"1"开始的数字顺序,列在论文末尾或者每页最下端。

　　你的老师也可能要求你用一种较为简单的方法来注明出处——"随文注"，即把文献的信息放在相关内容后面的圆括号里。随文注中要放入两种信息：文献作者的姓名，相关内容在文献中出现的页码。例如，论文中的一处事例来自于由约翰逊写的一本书的第48页，它的随文注应该这样写：(约翰逊，48)。

　　论文结尾处附有参考文献——即你在论文中使用过的所有文献的一个清单，里面有每一种文献的完整信息。在这里，读者可以找到你在随文注中所提到的那些文献的其他信息。

确定论文标题

读者阅读论文时，首先看到的就是标题。为什么我们要在介绍了起草论文的导言、正文和结尾之后，才来介绍标题呢？原因很简单：在起草论文时，你可以从中得到关于题目的一些启示。下面是选择题目的两个原则：

第一，题目要简短。

第二，题目要能让读者明白论文讨论的是什么问题。

例如，有关狗的交流的这篇论文，可以简单地以"狗的交流"为标题。如果要详细一点，你可以再加上一个副标题，用冒号把副标题和主标题分开。例如，你的题目可以是这样的："狗的交流：了解狗在说什么"。

一些学生为了给论文起一个好的标题，费了很大力气。如果你的标题能够吸引读者的注意，那么你的努力就是有回报的。如果你花费了大量的时间，却只得到了一个矫揉造作的题目，那就太不值了。例如，"吠叫与摇尾：狗的语言很简单"就不是一个好题目，它容易造成混淆。带俏皮话的题目，如"狗的尾巴会说话"，也是意义不明的。论文是一种很严肃的文章，因此，你不应该让标题给读者——包括你的老师——留下这样的印象：这是一篇"夸夸其谈的文章"。

我很乐意试一试：写作练习

1. 为下面的论文选择一个题目。

● 在社会科学方面，你正在研究欧洲中世纪。你的论文是关于骑士的。它讲的是一个人如何成为骑士以及骑士的生活是怎样的。

● 在自然科学方面，你正在研究植物。你的论文是有关沙漠植物以及它们如何在炎热、干燥的环境中生存的。

● 在英语语言艺术方面，你正在阅读希腊神话。你的论文是有关古希腊人的宗教信仰的。它讲述的是古希腊人所崇拜的神，以及他们是如何崇拜神的。

2. 为下列段落添加过渡，使它们读起来既顺畅，又有逻辑性。

● 从大丹犬、圣伯纳，到吉娃娃、比格、腊肠犬，狗有着不同的大小、外形和颜色。所有种类的狗都来自相同的祖先。

● 如今，大多数人能活到70多岁或者80多岁。人的平均寿命曾经小于30岁。

● 现代都市都有着许许多多的摩天大楼，常常将近一千英尺高。1903年在纽约建成的熨斗大厦非常令人惊叹，它有23层楼高。

第6堂课

修改和校订初稿

- 检查每一部分内容
- 力求完美
- 校对
- 列出参考文献

你已经做了很多了不起的工作，但现在还有些事情需要去做！

刚开始的时候,你还根本不知道你要写些什么,但经过前面的工作,现在你的手里或者电脑屏幕上,已经有了一份初具雏形的稿子!但是,没有人的初稿是完美的,要想把初稿转变为你可以自豪地交给老师的最终论文,你现在还需要从头到尾把论文读一遍,做一些改进。这个过程就叫做"修改和校订"。本书后面的附录B是一篇经过了修改和校订的论文,还列出了它所有的文献卡片和笔记卡,可作为一个范例来参考。

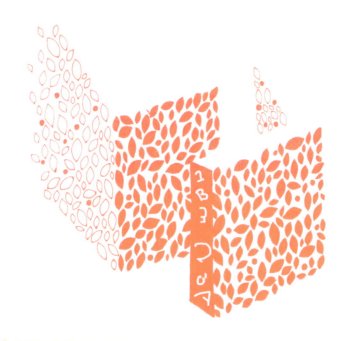

检查每一部分内容

　　修改和校订过程的第一步,是从头开始阅读你的初稿,确保每一部分——导言、正文和结尾——都能够起到它们应有的作用。对于初稿的每一部分,你都应问问自己下面列出的一些问题。如果你对哪个问题的回答是"否",那么你就有必要对这一部分进行一些修改,直到让你的回答变成"是"为止。

　　检查论文导言

● 你的导言能吸引读者注意吗?

● 你的导言中有没有一个清楚地表达了论文中心思想的主题句?

检查论文正文

● 论文正文中的每个段落都与论文主题句相关吗?

● 每个段落都有一个陈述该段中心思想的段落主题句吗?

● 段落中的每个句子都与这个段落的中心思想有关吗?

● 你去掉那些无关信息了吗?

● 论文所有段落对于论文主题句所表达的中心思想是否提供了足够的支持?

● 每个段落的主题句所表达的中心思想,在该段落中是否得到了足够的支持?

● 论文的各个段落是以合乎逻辑的顺序排列的吗?

● 各段落中的句子是以合乎逻辑的顺序排列的吗?

● 你是否使用了过渡?

 ## 检查论文结尾

● 论文结尾是否总结了论文的主要观点?

● 论文结尾是否帮助读者回答了"那又如何?"这个问题?

力求完美

你的论文现在已经真正成形了，但一篇真正优秀的论文所需要的，不仅仅是能够针对上述问题回答"是"，还需要"写得漂亮"，而且没有字词、语法和标点方面的错误。

检查字词错误

如果你是在电脑上写的论文，你可以利用文字处理软件的拼写检查功能，检查你的论文有没有字词方面的错误。这一功能可以帮助你查找到论文中的一些明显的字词错误，但并不能查找到所有的字词错误。所以，无论你是不是用电脑写的论文，请一定要逐字逐句地通读全文，纠正字词方面的错误。如果你不能确定一个字或一个词该怎么写，可以去查查字典。

检查语法和标点符号

　　熟练掌握语法规则能够帮助你发现并纠正论文中的病句、标点误用以及其他一些错误。下面的内容能够提示你注意常见的语法错误。如果你对于语法规则还有其他的疑问，可以求助于语文课本中的语法内容，或者向你的老师请教。

事情还没有做完呐……

确保句子完整

要确保每一个句子都是完整的，不缺少某个成分。比如：

错误：离赤道越远的地方冷。

正确：离赤道越远的地方越冷。

注意成分搭配

成分搭配是指构成句子的各个成分，如主语、谓语、宾语等之间在意思上没有矛盾。比如："参加长跑的运动员们在马路上驰骋。"这个句子里，主语"参加长跑的运动员们"和谓语"驰骋"在意思上就出现了矛盾，因为"驰骋"指的是"骑着马跑"。这个句子应该改为："参加长跑的运动员们在马路上飞奔。"又如："他仔细观察着老师的每一句话。"这个句子里，谓语"观察"与宾语"话"在意思上就出现了矛盾。这个句子应该改为："他仔细听着老师的每一句话。"

正确使用代词

代词是指用于指代句子前面提及过的名词的词。使用代词要注意避免指代混乱的错误。比如："马丁和艾伦是好朋友，他在工作上一直支持他。"这里的两个"他"，哪个指"马丁"、哪个指"艾伦"，指代不明。

正确使用结构助词

"的、地、得"是结构助词，分别是定语、状语、补语的标志，不能误用或者漏用。比如："考试之前，大家都在紧张得复习。"这里的"得"就用错了，应该用"地"，因为"紧张地"是用来修饰"复习"的状语。

正确使用关联词语

"因为……所以……"、"虽然……但是……"、"不但……而且……"这样的词语叫关联词语。在使用关联词语的时候，要注意搭配得当，不漏用、错用。

避免重复

如果你的论文中一次又一次地使用同一个词,会让论文读起来很乏味,最好能够在其中一些地方,换一个意思相近的其他的词。

另外一种需要避免的重复,就是连续使用同一种句型。这样也会让文章乏味无趣。多种多样的句式会增添论文的味道,让论文读起来生动有趣。

秘密武器

妙用"近义词词典"

要让你的论文读起来生动有灵气,就要避免重复使用同一个词语。一本"近义词词典"能够帮助你找到一些同义词或近义词,来代替那个你已经重复使用了多次的词语。别忘了备一本在手边哦!

将过长的段落分成小段

如果某个段落特别长,或者比文章中其他段落都要长得多,那你就要考虑将它分成两个短一点的段落。过长的段落容易使读者失去耐心。另外要注意的是,当你将一个较长的段落分成了两个段落时,你应该确保这两个段落都有各自的中心思想及主题句。

　　修改和校订完初稿之后，如果时间允许，你可以把它放在一边，过一两天之后再读一遍。这时你会发现，你能够发现你之前漏掉的错误。现在，你需要对论文进行最后的修改，尽你的最大努力让论文变得更加完美。如果你是在电脑上写的论文，那么你应该把它打印出来进行校对。一般来说，在阅读打印出来的稿件时，你能够发现一些你在屏幕上阅读时可能漏掉的错误。完成校对后，别忘了把你的改动输入电脑。

　　另外一个发现错误或有待改进之处的做法，就是大声地朗读论文。集中你的注意力，去听词语重复使用、代词运用不当、成分不搭配等问题。

　　还有一个好的办法是让别人阅读你的论文并提出意见。多一双眼睛看，也许能够帮助你发现一些细节的疏漏。你的读者，无论是你的同学还是成年人，他们都不应该修改你的论文。他们只应该为你的论文提出改进建议，然后由你自己来完成修改。

秘密武器

校对符号

在校对论文时,你可能要增加(插入)、删除(去掉)和移动一些字、词或整个句子。如果你是用电脑写论文,那么你可以直接在上面修改。如果你是在纸上写论文,那么,恰当地运用校对符号,能使你修改起来更方便。下面是几个有用的校对符号:

∧=增加或者插入

⌣=移动字或词

ℚ=删除

列出参考文献

参考文献是论文使用的所有文献的一个清单。要列出参考文献是一件很简单的事情，因为你已经掌握了它们的全部信息——在开始研究的时候，你就已经把它们记录在文献卡片上了。在参考文献里，你只需要列出论文中使用到的文献——这意味着你在论文中不必用上所有的文献卡片。

参考文献通常单独占一页纸，放在论文末尾。所有文献——书、报刊、网站和非纸质文献（如广播）——都应该按音序排列。书和论文应以作者姓氏的音序排列。

许多老师会建议你按照标准格式列出不同类型的文献。不过，如果你的老师要求你使用另外一种格式，那就按照老师要求的去做吧。你应该为你的参考文献感到自豪，它代表的是你为论文所做的一些极为重要的工作。用一种正确的格式来呈现它们，能够显示你是一位认真仔细的研究者。

图书参考文献格式

图书参考文献的格式以作者的姓名开头，写完作者的姓名后加一个句点，接着写书的题目，然后再加一个句点，接下来是书的出版地，出版地后加一个冒号，再写出版社的名字，逗号，出版日期，句点。下面是一个例子：

南希·怀特．狗为什么那么做？.纽约：学乐出版社,1995.

期刊文章参考文献格式

期刊文章参考文献的格式与图书参考文献的格式稍有不同。期刊文章的参考文献以作者的姓名开头，后面加一个句点，接着是文章的题目，再加一个句点，接下来是杂志的名称，后面是一个逗号，然后是日期，后面加一个冒号，最后是文章在期刊上的起止页码。下面是一个例子：

伊丽莎白·巴斯科姆.用尾巴进行交流.宠物世界杂志,1999-04-11：22—26.

报纸文章参考文献格式

报纸文章参考文献格式与期刊文章参考文献格式相似,但应用页码前的字母来表示文章在报纸上出现的版面。例如,A版可能是重要新闻版,B版可能是当地新闻版,C版可能是自然科学版。

伊丽莎白·赖安.狗的语言.纽约时报,2001-04-24:C-18.

非纸质参考文献格式

网址和广播等资料的参考文献格式,通常要包括读者在查找这一资料时所需要的信息,或者要能告诉读者你是在何时何地找到这一资料的。应以作者姓名、电台名、受访人名作为开头。下面是一个网址的参考文献例子:

尼古拉斯·多德曼博士.狗的肢体语言. http://www.petplace.com/Articles/(2003-11-04).

下面是一个电视节目的参考文献的例子:

公共广播系统.那只狗在说什么?.2003-06-19,晚8:00—9:00.

我很乐意试一试：练习修改论文

1. 以下段落来自一篇有关企鹅的论文初稿。想办法对它进行修改，然后写出经你修改后的段落。提示——你至少需要做三处修改：改正一个助词错误，改正一个句子不完整的问题，改正一个成分搭配问题。

帝企鹅生育后代得方法很独特。一只企鹅妈妈只能下一个蛋，然后，它就海里去了。企鹅爸爸留在陆地上，把蛋放在脚上，让蛋保持温暖。帝企鹅群中的所有企鹅爸爸会挤成一团，保持温暖。它们会轮流待在较冷的外层和较暖的里层。它们不吃也不喝，而是依靠以前储存在身体里的脂肪度过72天的时间，直到小企鹅们孵出。企鹅爸爸们会因此而减轻大概一半的身体。小企鹅们出壳后，企鹅妈妈们就回来照顾它们了。

2. 下面这些句子有一些错误，对其进行必要的修改，并将修改后的句子写出来。

- 华盛顿市的士兵们缺少必备地衣服和弹药。
- 因为许多植物都能够依靠自己制造出所需要的食物，但是有一些植物却需要来自其他地方的营养。
- 约翰和贝克是好朋友，他经常向他请教数学题。

第7堂课

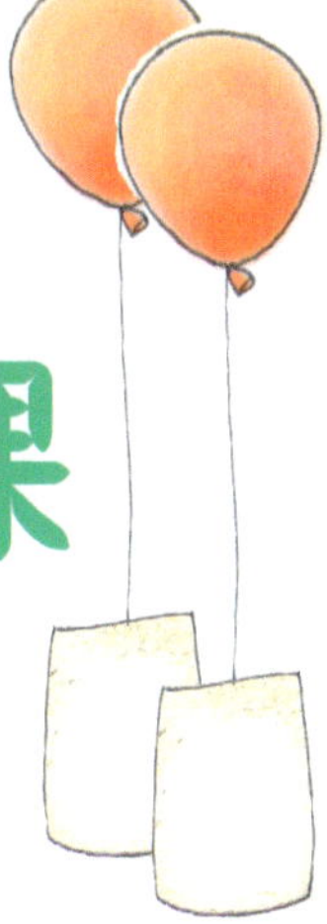

提交论文

- 整洁很重要
- 图形可让论文增色
- 当众演讲论文

恭喜,你已经完成论文啦!现在,只有最后一项任务了——准备提交论文吧!

现在，你可以做一个深呼吸，然后轻松地拍拍自己的后背了！

你可能要上交一份打印或手写的论文，也可能要做一次论文演讲。无论你怎样提交你的论文，你都要尽自己的最大努力，让论文以最佳的状态呈现出来。为了这篇论文，你进行了许多思考，付出了许多努力，所以，你当然希望自己的论文以最好的状态呈现给老师、同学或其他读者！在完成了所有的工作后，你还可以利用本书附录C中的自我评价表来评价一下自己的工作！

整洁很重要

论文的主题和论文的内容是最重要的。但是，当老师或其他读者阅读你的论文时，论文的外观或多或少总会影响他们对论文的评价。

第一印象很重要，因此，你要保证论文看起来很整洁。

秘密武器

最后的修改

如果你是手写的论文，在要做最后的修改时，可以在你想要删掉的内容上画一条横线，再用一个插入符号（∧）来表示你将要插入一些内容。在插入符号上面，仔细写上你要插入的内容。这样，就会让你的修改看上去整洁、清楚。

图形可让论文增色

　　插图和其他图形材料能够让你的论文更加生动有趣——前提是这些图形确实为论文增加了有用的内容。可不要仅仅为了好看而使用图形,这样会让你的论文显得很幼稚!

　　如果你的论文涉及了一些读者不熟悉的内容——比如某种植物或某种动物——那么,你应该提供一幅图片来帮助读者了解你讲的东西。同样,如果你的论文中包含着复杂的信息,而这些信息又可以用一个表格或图表来表达清楚,那么,毫无疑问,你应该用直观的图形来帮助你表达观点。

　　就算你认为自己没有太多的艺术天赋,你也可以制作简单的插图。你还可以从其他文献中复印或翻拍彩色的或黑白的照片、图画,或在电脑上利用"复制—粘贴"功能在你的论文中插入图片——但无论使用哪种方法,都要记得说明这些插图的出处。插图既可以粘贴或打印在论文中你特意留出的空白处,也可以粘贴或打印在与它相关的文字后,单独占一页。

　　论文中的图形一般都需要文字说明——在图形下用一两行文字告诉读者相关的信息。文字说明可以是一个简单的短语,也可以是一个完整的句子。无论你选择哪一种做法,在整篇论文中要注意前后统一。比如你在论文中使用了三幅插图,那么,它们的文字说明应该要么都是简单的短语,要么都是完整的句子——不能既有短语又有句子,将二者混用。

插图文字说明示例：

　　为了让读者能够明白图形的意思，你需要给图形添加一些文字说明。

　　这幅插图的文字说明是一个简单的短语：

正在吠叫的狗

　　这幅插图的文字说明是一个完整的句子：

一些狗在陌生人经过时会吠叫起来。

当众演讲论文

现在你唯一需要做的事，就是把论文交给老师——当然，你也可以计划一下向同学或别的听众演讲你的论文。如果你是一个记忆力超群的人，对论文的记忆特别详细、准确，那么，在演讲时，你的声音会很自然，你会很享受在观众面前做演讲的感觉，不过，你仍然需要通过组织语言，来表达你的想法。如果你和大多数人一样，那你就需要一些东西来为你提示演讲的内容。许多人面对观众都会紧张，但是，只要事前做好了准备，你的演讲一定会很顺利，并成为让你终生难忘的一次经历。

利用笔记卡

有的同学也许会想：演讲的时候，为什么不能干脆站在全体同学面前，大声朗读论文呢？如果你的演讲是这个样子，那你还不如把论文复印好了，发给听众。人们来听演讲，他们希望听到的是有意思的东西。他们希望听到你的声音，看到你的表情，这些信息会让他们更好地理解你所演讲的内容。

我的论文！

眼神交流是吸引观众注意力的一个重要方法，但是，如果你举着论文，论文会挡住你的脸，你就没办法和观众进行眼神交流了。可另一方面，你又想确保你在演讲时，能够讲到论文中所有的重要观点，而且在细节上不会出现差错。那么，怎样才能做到这一点呢？答案就是：使用笔记卡。

从头看一遍你的论文，将每个重要观点都分别记录在不同的索引卡上。不要写出完整的句子，因为那样你就会是在读论文了。在每张卡上，你需要写几个能够提醒你想起这个重要观点的词语。然后，再简单写下另外几个词，来提醒你自己想起支持这个观点的细节。你应该用深色的钢笔、铅笔甚至记号笔来写，要把每一个字都写得很大，这样，你在看卡片时，才不需要把它凑到你的眼前。记住，最重要的事情，是讲清楚你的观点，但又不是逐字逐句按论文来讲。

演讲时，你可以将卡片拿在手里，也可以将它们放在你面前的桌上。你可以不时地朝下看一眼你的笔记卡，但一定要尽可能快地抬起头来，恢复与观众的眼神交流。用完一张卡片后，把它放在这叠卡片的最底端，或者把它翻转过来，放在一边。

秘密武器

克服讲台恐惧

克服讲台恐惧最好的办法就是充分准备。你应该花许多的时间来进行练习，特别是站在镜子前面练习。你也可以向你的一两位朋友或亲属演讲你的论文，请他们为你提出改进的建议。然后，再次进行练习。练习得越多，你站到全体同学面前时就越有自信。

语速要缓慢，声音要洪亮

演讲时，一定要让听众容易听清并理解你所讲的内容。缺乏经验的演讲者在演讲过程中，尤其是在紧张时，往往会加快语速，放低声音。试想，如果观众无法听清楚你在说什么，他们又怎么能赞赏你的观点呢？要想避免这些容易犯的错误，你在练习时，语速应尽可能放缓，声音应尽可能洪亮。如果有人听过你的演讲练习，一定记得问问他们你的语速和声音大小是否合适。

现在，你已经完成了所有的工作，你应该感到骄傲！在这项巨大的工程中，你自始至终都非常努力！深呼吸一下，你可以为你完成的工作而庆祝了！

祝贺你！

我很乐意试一试：练习进行论文演讲

在正式演讲之前，练习大声地演讲论文。你可以在镜子前面练习，也还可以使用录音机或者摄像机，这样，你就可以听到或看到自己的表现了。你还可以在几个朋友或者家庭成员面前练习演讲。如果你是和一两个同学一起练习，你们可以轮流演讲论文，然后分享提高演讲技能的建议。

附录A

工作进度表

在开始写论文前,请根据这张表格来安排你的工作进度。它可以让你知道你完成了哪些工作,还有哪些工作尚未完成,并提醒你还有多少时间去完成。在工作进行过程中,你可以对某些时间进行调整,但是,要记住,最后提交论文的期限是不变的。

任 务	计划完成日期	实际完成日期
寻找论文题目		
初步的调查		
完成文献卡片		
完成研究和笔记卡		
拟写提纲		
起草初稿		
修改和校订初稿		
准备提交论文和演讲		
提交论文的日期:		

附录B

论文范文

请注意,每篇论文的要求都不一样。老师要求你写的许多论文可能要比你现在所看到的这篇长得多。下面的这篇范文,旨在说明论文的基本格式。

┌─────────────────────────────┐
│ 狗的交流:了解狗在说什么 │ ──── 标题
└─────────────────────────────┘

你是否曾希望可以和你的狗说话,并且希望你的狗能够回答你?你和你的狗永远不可能用人类的语言来交谈。但是,研究动物行为的科学家告诉我们:狗确实可以利用声音、面部表情和肢体语言来与它们的同类或人类进行交流。 ──── 导言

狗发出的每一种声音都代表着不同的意思。通常，狗的吠叫声就好比是警报，它的意思是："附近有陌生人！"怒吼和咆哮则表示它生气了。狗在不开心或不舒服时会哀鸣和呜咽。在听到火灾警报声或者喇叭、小提琴的声音时，有的狗会像狼一样嚎叫。狼通过发出嚎叫声来和其他的狼集合在一起，一只嚎叫的狗可能也是在回应群体的召唤。（伊丽莎白·赖安，C-18）

——段落中心思想

——支持

狗像人类一样，可以利用面部表情进行交流。它们的眼睛、耳朵和嘴巴可以表达它们的许多感受。如果一只狗直视你的眼睛，这可能表示它是信任你的，但如果它是死死地盯着你，就有可能表示它要攻击你。一只狗的两只耳朵向后倒，就表示它生气了。龇牙是狗表示生气的另外一种方式。如果一只狗盯住你，龇着牙，咆哮着，并把耳朵朝后倒，这就表明它真的生气了。另一方面，狗也用它们的面部表情来表达它们的开心。它们有时候会把嘴唇向后拉，嘴微微张开，不露出牙齿，表示它们很开心和满足。这个表情和人类的微笑是一样的。（德斯蒙德·莫里斯，68）

——段落中心思想

——支持

——过渡

——注明出处

你可以通过狗的肢体动作了解它们的许多感受。比如，狗的尾巴向上翘，表示它很快乐，可如果它的尾巴又直又硬挺，就有可能表示它生气了。如果狗的尾巴自然下垂，这表示它感觉还可以；如果它的尾巴不但下垂，而且还贴近臀部，这就表示它不开心。狗的尾巴完全下垂，而且一直夹在两条后腿之间，则说明它生病了或者痛苦难忍。狗大幅度地、轻松地摆尾巴是友好的象征，可是，如果摇摆的幅度小，速度快，尾巴僵硬，则表明它准备攻击。狗表示攻击的另一个标志是：竖起背部的毛。如果一只狗并不想攻击，它会在地上打滚。狗最可爱的肢体语言之一叫"玩鞠躬"——伸出前爪，胸部贴地，屁股翘起，尾巴摇动，这表示："来和我一起玩吧！"狗最友善的动作是舔你的手或者脸。这表示它很喜欢你，就好像小狗喜欢它的妈妈一样。（南希·怀特,37）

段落中心思想

支持

过渡

就算你没有自己的狗,懂得狗的交流方式也很有用处。比方说,如果有只狗在盯着你,而且耳朵向后倒,龇着牙,你不应该也盯着它看,而应该慢慢后退。如果你听到你的狗在吠叫,你应该到门口去看看是谁来了,而不应该一味地让你的狗安静下来。如果你的狗在邀请你一起玩,你接受了它的邀请,就能成为它最好的朋友。

———— 结论

参考文献

德斯蒙德·莫里斯.如何照料狗.纽约:皇冠出版社,1986.

吉恩·克雷希德·乔治.怎样和狗交谈.纽约:哈珀·柯林斯出版社,2000.

南希·怀特.狗为什么那么做?.纽约:学乐出版社,1995.

威尔玛·孟德尔博士.采访地点:俄亥俄州中央大街300号.2003年8月10日下午3:30.

伊丽莎白·赖安.狗的语言.纽约时报,2001-04-24:C-18.

参考文献卡

1

　　南希·怀特.狗为什么那么做？.纽约：学乐出版社,1995.

2

　　吉恩·克雷希德·乔治.怎样和狗交谈.纽约：哈珀·柯林斯出版社,2000.

3

　　德斯蒙德·莫里斯.如何照料狗.纽约：皇冠出版社,1986.

4

　　伊丽莎白·赖安.狗的语言.纽约时报,2001-04-24:C-18.

5

　　威尔玛·孟德尔博士.采访地点:俄亥俄
州中央大街300号. 2003年8月10日下午
3:30.

笔记卡

4　　　　　　　　　　　　　　　　吠叫

　　不同的吠叫声代表不同的含义

3　　　　　　　　　　　　　　　　吠叫

第17页

　　作为警示的吠叫:"有陌生人在这里,警
惕!"

3　　　　　　　　　　　　　　　　怒吼

第18页

　　怒吼和咆哮——生气

1   哀鸣和呜咽

第16页

哀鸣和呜咽——狗不开心，也许生病了

3   嚎叫

第21页

火灾警报声、喇叭或小提琴的声音——能引起一些狗嚎叫

3   嚎叫

第21页

嚎叫——像狼一样。狼发出嚎叫声是为了和其他的狼集合在一起。

2   面部表情

第15页

狗直视你的眼睛——信任你

2　　　　　　　　　　　　　　　　　　眼睛

第15页

　　死死地盯住你——可能想要攻击

2　　　　　　　　　　　　　　　　　耳朵的位置

第4页

　　耳朵向后倒——生气

1　　　　　　　　　　　　　　　　　　牙齿

第12页

　　龇牙——生气

1　　　　　　　　　　　　　　　　　面部表情

第17页

　　盯住你，龇着牙，耳朵向后倒——非常
生气

1		面部表情(微笑)

第15页

嘴唇向后拉,张开嘴,微微露出一点牙齿,表示狗很高兴。

2		尾巴

第14页

翘起尾巴表示高兴

2		尾巴

第14页

尾巴又直又硬挺,表示生气

2		尾巴

第14页

尾巴自然向下垂,表示感觉还好

2   尾巴

第14页

　　尾巴下垂而且贴近臀部，表示不开心

2   尾巴

第14页

　　尾巴完全下垂，并且夹在腿之间，表示
狗可能病了，或者疼痛。

1   摇尾巴

第6页

　　自由、轻松地摇尾巴——表示友好

1   摇尾巴

第6页

　　快速而僵直地摇尾巴——可能想和另
一只狗打架

1   背后的毛

第12页

    背上的毛竖起来，表示狗想要打架。生气。

3   打滚

第43页

    打滚意味着狗在说："我投降。""我不想打架。"

3   玩鞠躬

第38页

    伸出前爪，胸部贴地，翘起屁股，是在"玩鞠躬"

1   舔

第9页

    舔手和脸——小狗舔妈妈，意思是"我爱你"。

5   怎样应对生气的狗

　　如果狗盯着你，耳朵向后倒，露出牙齿，不要也盯着它，应该慢慢地后退。

5   狗吠叫时怎么办

　　到门口去看看是谁来了。不要因为它吠叫而责备它，它不过是在尽它的职责。

附录C

自我评价:
论文写作过程中的收获

本书一开始就提到,在写论文的过程中,你可以从下面四个方面获益:

● 体验写论文的过程(下次写论文时,你就知道该怎么去做了!)

● 获得了关于你感兴趣的题目的知识(你成了这方面的小专家啦!)

● 获得了做研究的经验(你以后就知道如何找到你想要的资料了!)

● 满意和自豪(了解一件任务是怎样从头到尾完成的,这可是你人生的一个重要体验哦!)

现在,论文已经完成了。想一想,你从中学到了什么,有何收获?你获得了上述四个方面中的哪些经验或知识?对每个方面按照从1到4的等级进行打分,4代表"是的",1代表"完全不是"。如果某一个方面的得分低于3,你就应问问自己："这是为什么？"并试着去找找原因，看看你为什么在这一领域没有收获到你应收获的东西。下一次完成论文之后，再来进行评价，看看你有没有做得好一些。

用下面的表格对你的体验进行评价（在1、2、3、4下面的空格里打勾）。

收获 ＼ 等级	1 完全不是	2 勉强吧	3 还可以	4 是的！
现在我知道怎样写论文了。				
我已经成为我的论文题目方面的小专家了。				
我能运用研究技巧去查找到我想要的资料。				
我为自己在论文中所做的工作感到骄傲。